GIOVANA XAVIER

HISTÓRIA SOCIAL DA BELEZA NEGRA

2ª edição

Rio de Janeiro
2021

Copyright © Giovana Xavier, 2021

CIP-BRASIL. CATALOGAÇÃO NA PUBLICAÇÃO
SINDICATO NACIONAL DOS EDITORES DE LIVROS, RJ

X19h
2ª ed.

Xavier, Giovana
História social da beleza negra / Giovana Xavier. – 2ª ed. – Rio de Janeiro: Rosa dos Tempos, 2021.

ISBN 978-65-8982-801-3

1. Feminismo. 2. Feministas negras. 3. Negras – Identidade racial. I. Título

21-70106

CDD: 305.42
CDU: 316.347-055.2

Leandra Felix da Cruz Candido - Bibliotecária – CRB-7/6135

Todos os direitos reservados. É proibido reproduzir, armazenar ou transmitir partes deste livro, através de quaisquer meios, sem prévia autorização por escrito.

Todos os esforços foram feitos para localizar os fotógrafos das imagens e os autores dos textos reproduzidos neste livro. A editora compromete-se a dar os devidos créditos em uma próxima edição, caso os autores os reconheçam e possam provar sua autoria. Nossa intenção é divulgar o material iconográfico e musical, de maneira a ilustrar as ideias aqui publicadas, sem qualquer intuito de violar direitos de terceiros.

Texto revisado segundo o novo Acordo Ortográfico da Língua Portuguesa.

Direitos desta edição adquiridos pela
EDITORA ROSA DOS TEMPOS
Um selo da
EDITORA RECORD LTDA.
Rua Argentina, 171 – Rio de Janeiro, RJ – 20921-380 – Tel.: (21) 2585-2000.

Seja um leitor preferencial Record.
Cadastre-se no site www.record.com.br
e receba informações sobre nossos
lançamentos e nossas promoções.

Atendimento e venda direta ao leitor:
sac@record.com.br

Impresso no Brasil
2021

A Exú, dono da chave que abre e fecha caminhos.

*A Oxum, a grande mãe que, com suas joias de bronze,
acalma, ensina e protege.*

*A menina Lena, intelectual negra visionária, que, com seu
pente e sua tesoura, plantou, no quintal de nossa casa,
no subúrbio de Colégio, um sentido de beleza negra
que aterra minha história.*

Sumário

Apresentação — Sidney Chalhoub	11
Prefácio — Luiza Brasil	15
Nota da autora: Ritmar cores e traduções	17
Introdução: Histórias da beleza negra, à margem do rio	21

PRIMEIRA PARTE
"A mudança virá"

1. Sonhos e quebras: Imprensa negra e Grande Migração	27
2. "Os perigos do negro branco"	39
Colorismo, uma nova palavra	39
"Infusão de sangue branco"	40
Delírios da supremacia branca	46
"Africanos disfarçados"	49
"A Raça Negra tornou-se uma Raça de Mulatos"	57

SEGUNDA PARTE
As nobres mulheres de cor

3. "A mulher de cor hoje"	61
O Movimento Novo Negro	61
"Abençoadas"	63
"O lugar mais feliz da Terra"	68
Enfim, a nova mulher negra	70

TERCEIRA PARTE
Mulher Maravilha da Raça, e suas versões

4. "O maravilhoso clareador de pele" 75
"A Nova Cultura da Beleza": cosmética branca e eugenia 75
"Conselhos de Beleza para Compleições Escuras" 78
"Para o sucesso da pele" 82
"Removedor de Pele Preta" 86
Vivendo à sombra da *colored girl* 90

5. A Garota Kashmir 93
"Melhor que a melhor" 93
Por que não Cleópatra? 99
A "louca luta pela beleza": Paradoxos 100

6. *Negrophobia* 103
"Não cor, mas caráter" 103
"Belezas arruinadas" 106
"A garota de cor mais bonita dos Estados Unidos" 110
"Traidores da Raça" 111
"A chave para o sucesso" 113

7. Mulheres da Raça: Annie Minerva Turnbo Malone 115
Repugnantes "naturais" 115
Cabelos: "Cuidado permanente" 116
"Atenção, mulheres ambiciosas!" 118

8. Da cabana à mansão: Madam C. J. Walker 123
"Perseverança é meu mote" 124
"Não é sorte, e sim cuidado" 130
Como fios de algodão 134
"Você também pode ser uma beleza fascinante" 136

Epílogo: Fios com o Brasil	137
Agradecimentos: A beleza negra do amor	145
Glossário	151
Referências bibliográficas	165

Apresentação

Sidney Chalhoub[1]

Ao reencontrar agora o texto de Giovana Xavier, me lembrei de umas páginas famosas de Chimamanda Adichie, que li recentemente, a respeito do perigo da história única. É um texto sobre encontros que, no fundo, se fazem de silêncios ou expectativas que limitam a nossa capacidade de imaginar e reconhecer outras histórias. Adichie cresceu na Nigéria, leitora voraz de livros infantis nos quais as personagens eram brancas e de olhos azuis, brincavam na neve, comiam maçãs e se maravilhavam com dias ensolarados e quentes. Mais tarde, ao conhecer sua colega de quarto numa universidade norte-americana, percebeu o espanto dela ao ver uma africana capaz de falar inglês com perfeição e de acender um forno. Ao descrever uma visita ao México, imersa nas anedotas correntes nos Estados Unidos sobre essa gente dissimulada e perigosa, sempre disposta a cruzar a fronteira ilegalmente para viver de caridade no paraíso, Adichie relembra a profunda vergonha que sentiu ao perceber que absorvera uma história única a respeito daquele povo. Histórias precisam ser concebidas, contadas, interpretadas e debatidas de diferentes

---

1 Professor no departamento de História da Harvard University e professor titular colaborador na Unicamp.

perspectivas. A pior coisa que pode acontecer a uma história é não ser contada. O pensamento mais triste que se pode ter dentro de uma grande biblioteca é atinar para o quão maior e mais rica ela seria se tantas histórias imaginadas e não contadas, ou silenciadas, fizessem parte de seu acervo.

Pensei nas páginas de Adichie, ao ler Giovana, por dois motivos. O primeiro deles diz respeito ao conteúdo de *História social da beleza negra*. O livro explora o surgimento de uma indústria cosmética voltada para a mulher negra nos Estados Unidos na virada do século XIX para o XX, período de normatização agressiva da brancura como padrão de beleza universal, de popularização da eugenia e de difusão de valores associados à ideia de supremacia branca. Época infame, do sistema Jim Crow de segregação racial, da usurpação do direito ao voto da população negra, dos linchamentos. Nesse contexto, proliferam produtos para clareamento da pele, para alisar cabelo, para ter "boa compleição" ou "melhorar a aparência". Ao analisar os textos e as imagens de um sem-número de reclames, Giovana percebe a ligação entre o intuito de aperfeiçoar a pele negra, clareando-a e livrando-a de supostas imperfeições, e a esperança de progresso ou mobilidade social. Todavia, ela alerta contra simplismos, adverte a respeito da tentação de reduzir políticas de cuidado ao desejo de embranquecer. Difícil julgar com dureza retrospectiva gente que vivia em meio a situações de perigo, que buscava respeitabilidade em meio à hostilidade e à violência. Ademais, imagens e narrativas aparecem eivadas de ambiguidades, sentidos incertos. No interior mesmo da busca de respeito por meio do clareamento da pele, despontava às vezes o orgulho de ser o que se era. A história continua a se abrir, embranquecer a pele passa a ameaçar a saúde, argumenta-se que o caráter vale mais do que a cor da cútis. A indústria da beleza negra progride, disponível para sonhos e expectativas de vária espécie, vira mesmo meio de ostentar a be-

APRESENTAÇÃO

leza do corpo negro e das infinitas possibilidades estéticas de *cara-pinhas*[2] maravilhosas.

O texto de Giovana me fez pensar no perigo da história única num outro sentido, mais presente e existencial. Como é dura a história vivida — quer dizer, a história que vivemos agora. Os últimos anos nos trouxeram de volta ódios que imaginávamos contidos, vontades de poder e violência que pareciam inviabilizadas pelo simples efeito da educação, do esclarecimento geral, dos valores humanos fundamentais, do respeito à diversidade e à democracia como obra em processo coletivo de construção. Não me interpretem mal. A incompletude do mundo que desmoronou, digamos, a partir de 2013, era acachapante. Estava tudo lá, no mundo que se foi: injustiça social, desigualdades de gênero, genocídio da juventude negra, feminicídio, racismo estrutural — enfim, o leque habitual das indignidades características dos brasis e doutras partes. Todavia, havia talvez um sentimento mais geral de constrangimento diante de tais indignidades, elas nos faziam empalidecer e queríamos acreditar que seria possível superá-las, ainda que em um processo exasperantemente lento, diferido *ad aeternum*. Nada parecia prometer a volta do casuísmo golpista na política, a tentativa de revalorização do autoritarismo e da ditadura, a politização oportunista do Judiciário, o retorno do intervencionismo militar, a emergência de um negacionismo científico estarrecedor e assim por diante, pois até a enumeração das mazelas é nauseante. Uma história vivida medíocre, tão cheia de passado que quase faz descrer do futuro. Às vezes, quisera não ser historiador, quisera não ter estudado tanto a história dos brasis para confiar que a história deles será outra que não aquela que o passado parece assegurar.

---

2 O cabelo é um assunto central nas discussões sobre afirmação racial e antirracismo. Ao longo da história, ele foi definido de diferentes formas por afro-americanos e negros brasileiros: *nappy, kinky, afro, black,* carapinha, nomes que, dependendo do contexto de utilização e de quem conceitua, podem representar orgulho e afirmação ou preconceito e violência.

HISTÓRIA SOCIAL DA BELEZA NEGRA

Chimamanda Adichie. Não se renda à história única, pois ela é perigosa, reducionista e silencia e ilude. O extremismo político que assola o país não nos impede de ver futuros outros que já pulsam. O feminismo negro chacoalha estruturas e obriga a repensar aspectos amplos da política e da cultura, tanto no Brasil quanto nos Estados Unidos. Intelectuais negras ganham voz, discursam, escrevem, tuítam, às vezes irritam, desassossegam espíritos, acertam e erram, elucidam e confundem. Giovana Xavier, uma preta *dotora* entre várias que vão chegando — que muitíssimas cheguem, que fiquem.

Prefácio

Luiza Brasil[1]

Tive o prazer de ler *História social da beleza negra*, da autora Giovana Xavier durante uma viagem para Salvador, Bahia. Muito simbólico adentrar nesta pesquisa tão rica em dados, informações e referências em torno da Cultura da Beleza enquanto estive na capital mais negra do Brasil, na cidade mais negra fora da África, que respira diáspora, resistência e cultura. Inclusive, é o palco da Noite da Beleza Negra, concurso promovido pela Associação Cultural Ilê Aiyê, que exalta a beleza de mulheres pretas e elege a Deusa do Ébano, tornando-se um dos mais tradicionais eventos afro-brasileiros do país.

Em um primeiro momento, o que Giovana traz na publicação pode até parecer uma realidade de pertencimento afro-diaspórico estadunidense. Porém, a cada virada de página, tudo estreita-se, ainda mais com as vivências de nós, mulheres negras latinas, principalmente as brasileiras, que durante muito tempo debruçamos nosso olhar para a cultura dos Estados Unidos. Não só como referência de progresso para um país emergente, mas também como fortalecimento da comunidade

---

1 Nascida em Niterói, no Rio de Janeiro, é jornalista, pesquisadora do universo da comunicação e pioneira na criação de conteúdo criativo no Brasil. Formada pela PUC-Rio, é a idealizadora do Mequetrefismos, plataforma digital que desde 2015 impulsiona pessoas e trabalhos com foco no protagonismo negro.

afro-americana, que relativamente conseguiu com mais sucesso do que nós iluminar suas questões. E conduz a nau de suas histórias sem deixar que personagens femininas importantes, como a ativista Harriet Tubman e a educadora Maria Baldwin, caíssem no mar da invisibilidade ou até mesmo do embranquecimento, como vemos com frequência no Brasil.

Eu, como profissional da comunicação de moda e beleza, na linha de frente desses segmentos que tanto mexem com as nossas percepções imagéticas e identitárias, com frequência me questiono: como estamos nos dias de hoje? Será que nos *libertamos* das antigas opressões ou usamos das artimanhas do que consideramos *empoderamento estético* para entrarmos em outros aprisionamentos que delimitam o que é ser negro?

É importante que leitores e leitoras, principalmente os das gerações mais novas, entendam que termos como *bleaching* não nasceram com as redes sociais. E nós, que tivemos nossa infância nos anos 1980 e 1990, somos tão vítimas dos programas de TV, com suas apresentadoras e assistentes de palco que personificavam a idealização da branquitude, quanto os negros impactados pelos benefícios de um creme facial que sugeria que ser *black* era um visual indesejado, um padrão feio para a sociedade.

Diante do imensurável desejo de reparar defeitos na *compleição*, entre tantas outras contradições das narrativas publicitárias que ainda são alimentadas nos dias de hoje, faz-se importante entender a origem da indústria da beleza negra, que surgiu como forma de resgate da nossa humanidade e subversão aos linchamentos físicos e mentais, consequências do racismo. Para mulheres negras, virou ofício e especialização que conquistou lugares até então inimagináveis, como o da milionária empresária Madam C. J. Walker. E evidenciou nossa veia criativa, ativista e política a partir do empreendedorismo.

História social da beleza negra aprofundou em mim reflexões em torno dos impactos que esse mercado, com poderosas cifras, gera para além da perpetuação de padrões estéticos. O livro me deu um amplo entendimento da construção da sociedade negra estadunidense e mostra-se como importante obra para curiosos, estudiosos e especialistas das áreas de Beleza, Moda, Comunicação e Empreendedorismo que pretendem revisitar o passado para levantar provocações em torno de conceitos predeterminados e traçar caminhos próprios a partir do pensamento decolonial.

Nota da autora

RITMAR CORES E TRADUÇÕES

Teoricamente, esta é uma nota técnica para explicar como lidei, na condução da pesquisa, com o sistema de classificação racial norte-americano. Eu, descrente das separações entre pesquisadora e objeto, lembro das infinitas leituras e conversas animadas com brasileiros e norte-americanos: "Posso traduzir *Brown* como moreno?", "É certo dizer que *Dark* equivale ao preto brasileiro?", "*Of Color* — de cor — é uma categoria afirmativa ou pejorativa?" O caminho até as respostas foi longo, soprado em provérbio africano: "Um tambor somente não é suficiente para Egun (espírito ancestral) dançar, ele também bate no seu próprio peito." Foi necessário bater no peito para produzir um ritmo que desse sentido a um complexo sistema de cores. Criado e alimentado tanto pelas autoridades empenhadas em manter o poder da supremacia branca quanto pela gente negra comprometida a se manter viva, digna e respeitada diante de um pesado sistema de opressão racial.

Desde sua primeira edição em 1850, autoridades responsáveis pelo Censo Demográfico Nacional Norte-Americano preocuparam-se enormemente com a classificação racial da população negra. Referenciados em paradigmas eugenistas, agentes censitários desenvolveram uma espécie de subsistema de classificação racial específico para população afro-americana. Nele, o grupo *Negro* subdividia-se em *Black* e *Mulatto*. E, por algum tempo, os mulatos[1] foram divididos em *quadroones* e *octoroones*, classificações que diziam respeito a indivíduos identificados com um quarto e um oitavo de sangue negro, respectivamente. Na comunidade afro-americana, tais categorias também eram vigentes, no entanto, significadas de formas distintas, fundamentadas nas experiências cotidianas da *dupla consciência* de ser um Negro Norte-Americano. Isso fica evidenciado na predominância em sua imprensa de termos como Raça e Raça Negra, com letras maiúsculas, presentes em expressões como "líder da Raça", "Mulher Maravilha da Raça", "problemas da Raça". Optei por traduzi--los mantendo a grafia maiúscula da documentação primária que também diz respeito a uma forma de afro-americanos expressarem orgulho racial por meio da palavra escrita. Além das percepções e objetivos distintos e antagônicos do Estado e da população negra, há uma terceira variável que torna o trabalho de tradução mais desafiador: os sentidos passados presentes de categorias como *Brown*. Esse é um termo que pode ser utilizado em contextos variados, para classificar pessoas do Oriente Médio, sul da Ásia e Norte da África, descrever uma tonalidade de pele — morena ou marrom —, identificar latino--americanxs ou ainda afirmar uma identidade política *Brown*, ligada ao reconhecimento da miscigenação.

No caso de *People Of Color*, na imprensa afro-americana estudada, a categoria e sua variação *Colored*, são, em geral, usadas como sinônimos de *Negro*, a exemplo de *Colored Girl*. Desde os anos 1960, *Of Color* também é ressignificada no ativismo de duas formas: como identidade que demarca a ascendência africana, caribenha, asiática e todas as outras que não as europeias e anglo-saxãs; e também como

---

1 Nas primeiras décadas do século XX, tanto no Brasil quanto nos EUA, a categoria racial Mulato foi, em muitos contextos, significada positivamente por ativistas negros.

RITMAR CORES E TRADUÇÕES

categoria política que assinala uma identidade coletiva racializada não branca. Seu uso objetiva conectar pessoas de diferentes origens étnicas por meio de experiências globalmente compartilhadas de opressão racial. Em países como o Brasil, *De cor* é uma expressão com significados ambíguos, que, a depender do contexto, relacionam-se à afirmação, eufemismo ou preconceito de raça. Entre o século XIX até os anos 1950, a expressão foi utilizada com sentido afirmativo por intelectuais negros ligados aos movimentos abolicionistas e negros. Em 1833, o jornalista Paula Brito fundou *O Homem de Côr*, primeiro jornal dedicado a tratar dos problemas da população negra.[2] A escritora Maria de Lourdes Vale Nascimento, em sua coluna no jornal *O Quilombo: Vida, Problemas e Aspirações do Negro Brasileiro*, publicado no Rio de Janeiro entre 1948 e 1950, referia-se às suas leitoras como "patrícias de cor".[3] Em outros contextos, o uso do termo *de cor* configura-se em estratégia para escapar ou esconder a origem racial negra. É bastante comum ouvir de pessoas nascidas no início do século XX tanto afirmações como "Você não é negra, mas de cor" quanto "Nós que somos de cor temos de dar o exemplo", como cresci ouvindo minha avó Leonor, mulher negra das primeiras gerações pós-Lei Áurea, afirmar, em alusão ao direito humano à dignidade e ao respeito.

Com tudo isso em mente, após *insights*, insônias e longas conversas editoriais sobre o perigo e, eu diria, a impossibilidade de traduções ao pé da letra de identidades criadas por sujeitos variados em contextos distintos, tomei a decisão de manter as categorias raciais em inglês, exatamente como aparecem citadas na documentação. Seu uso é relacionado à autodefinição de homens e mulheres afro--americanos na imprensa e em sua publicidade e também às classi-

---

2 Ana Flávia Magalhães Pinto. *Imprensa Negra no Brasil do Século XIX*. São Paulo: Selo Negro, 2010.

3 Giovana Xavier. *Maria de Lourdes Vale Nascimento: Uma intelectual negra do pós-abolição*. Niterói: EDUFF, 2021.

ficações raciais do Censo. Nos demais momentos relacionados às minhas análises, tais categorias encontram-se com letras minúsculas. Essa, acredito, é uma forma de assumir a responsabilidade pelo conhecimento e pelas interpretações produzidas e também de estimular leitorxs a abrir mente e coração, permitindo-se mover na história de um país diferente do nosso, embalados por ritmos leves e sinceros em limites e possibilidades.

Introdução
HISTÓRIAS DA BELEZA NEGRA, À MARGEM DO RIO

Janeiro de 2021. Férias de verão. Em contexto de pandemia Covid-19, o Tempo da casa e do trabalho misturam-se. No Brasil, país com milhares de vidas retiradas pelo descaso das autoridades com a saúde pública,[1] sinto-me abençoada e agradecida por respirar amor. Em família, curtindo e trabalhando. Ao ar livre, protegida, vendo o sol brilhar. Sentindo os ventos de Iansã, escutando a mata de Oxóssi, contemplando as pedras de Xangô. Nesse cenário, aterrado pela ancestralidade, meu coração bate alegre ao afirmar: o livro está pronto! Penso em Livia Vianna. Bem pisciana, minha querida editora provoca-me: "Que tal contar mais da sua história na introdução?"

Em 2006, há quinze anos, quando iniciei o doutorado e a pesquisa que originaram este livro, eu era uma menina negra do subúrbio carioca do Méier e desejava mudar minha vida. Através do estudo, sonhava tornar-me professora de uma universidade pública federal. Quinze anos depois, aos 41 anos, compor este texto com o sonho realizado remete-me ao direito de escrever minha história, a partir de pontos de vista que se direcionam ao amor, à alegria e à gratidão.

---

1 Em maio de 2021, período da revisão final do livro, o Brasil ocupava o topo das estatísticas mundiais, com o alarmante e evitável número de 436 mil pessoas mortas por Covid-19.

Após seis anos de doutorado, atravessados pela passagem, em 2008, de minha mãe e avó materna, tornei-me, em 2012, doutora em História Social na Unicamp e mãe do Peri. A obtenção no mesmo ano de dois títulos tão distintos impulsionou-me a romper barreiras, unindo, no pensamento científico, mundos aparentemente opostos: pessoal e acadêmico. As madrugadas de estudo, na companhia de um serzinho de luz com meses de vida, atarraxado ao meu peito, tornaram-me uma mulher mais corajosa e determinada, culminando na minha aprovação como professora de Didática Especial e Prática de Ensino de História na UFRJ. A universidade de 2013 estava bem diferente daquela do final dos anos 1990 que a Giovana estudante encontrou. Essa diferença, materializada na presença de uma expressiva comunidade estudantil negra, com demandas de conhecimento ligadas ao direito de escrever suas histórias, nutriu meu espírito com amor, esperança e criatividade. Assim pude desenvolver uma nova linguagem acadêmica focada nas relações entre subjetividade e objetividade, que estrutura o trabalho do Grupo de Estudos e Pesquisas Intelectuais Negras UFRJ — projeto pioneiro de formação acadêmica focado no pensamento de mulheres negras, criado em 2014, que tenho a honra de coordenar.

O compromisso de produzir uma ciência de mulheres negras por meio da valorização das conexões entre pessoal e político, experiência e conhecimento, escola, movimentos sociais e universidade, implicou o desafio de articular as identidades de historiadora social e feminista negra em prol da produção de conhecimentos científicos democráticos. Esse cruzamento é simbolizado por projetos como @pretadotora, plataforma que congrega uma comunidade de milhares de seguidoras no Instagram, onde produzo conteúdos sobre vida pessoal e trabalho intelectual, narrados sob meu ponto de vista de acadêmica negra. Isso é importante, porque, no Brasil, mulheres negras são a minoria no grupo de professoras universitárias.[2]

---

2 De acordo com dados do Censo da Educação Superior e da pesquisa do Conselho Nacional de Desenvolvimento Científico e Tecnológico sobre gênero, raça e tipos de bolsa, em 2017

O ano de 2016 foi decisivo nessa caminhada. Nele, destaca-se a análise dos preconceitos de gênero e raça que estruturam a sociedade brasileira por meio da criação do *arraiá da branquidade*, para interpretar a Festa Literária Internacional de Paraty (Flip). Esse conceito entrou para a história como um *antes e depois* no mercado editorial nacional, no que se refere às formas de tratar a produção intelectual de mulheres negras. O Tempo narrado é também Tempo vivido, abrigando fatos que atravessam minha história pessoal e trajetória como pensadora: os mandatos norte-americanos de Barack Obama, os governos brasileiros do Partido dos Trabalhadores, a promulgação de 2015-2024 como a Década Internacional de Afrodescendentes pela Organização das Nações Unidas (ONU), a execução da vereadora Marielle Franco no Rio de Janeiro, em 2018, a emergência mundial de governos de extrema direita, a eclosão de movimentos como #BlackLivesMatter nos EUA, as marchas de Mulheres Negras e de Mulheres Indígenas no Brasil.

Ao situar minha biografia em uma história global, interpretada pelas lentes feministas negras, lembro-me de saberes que aprendi com mulheres negras: "Exu matou um pássaro ontem com uma pedra que jogou hoje", "Caneca não é copo, segura-se pela alça", "Para inovar é preciso dominar a técnica", "Nossa ancestralidade vem dos pés", "Não espere pelos prêmios da prateleira." Desautorizados pela ciência tradicional, tais saberes abriram minha mente e meu coração para escrever, partindo da união entre corpo e mente, uma *História social da beleza negra*. Penso nela como uma dança, oriunda do encontro entre tradição, inovação e do qual nascem novos movimentos para interpretar o passado. Meu convite é para que nesse lugar — à margem do rio, em segurança — você também dance essa história. #permita-se

---

menos de 3% das professoras doutoras que atuavam em programas de pós-graduação eram mulheres negras. Ver a este respeito: Carolina Assis. "Gráfico Gênero e Raça na Ciência Brasileira". *Portal Gênero e Número*, 18 de junho de 2020. Para saber mais: <www.generonumero.media/grafico-genero-e-raca-na-ciencia-brasileira/>.

PRIMEIRA PARTE

"A mudança virá"

1.

Sonhos e quebras:
Imprensa negra e Grande Migração

*E sempre a sentir sua duplicidade — estadunidense, e negro;
duas almas, dois pensamentos, dois esforços irreconciliáveis;
dois ideais que se combatem em um corpo escuro, cuja força
obstinada unicamente impede que se destroce.*

William E. B. Du Bois, 1903

*Os migrantes chegam ao Norte em milhares, dezenas de mi-
lhares, centenas de milhares — das docas de Norfolk, Savannah, Jacksonville, Tampa, Mobile, Nova Orleans e Galveston.
Eles chegam dos campos de algodão do Mississipi e das minas
de carvão e moinhos de aço do Alabama e Tennessee; das
oficinas, dos tanques de lavar roupa, das olarias, das cozinhas.
Nas estimativas mais conservadoras, registram mais de 1,5
milhão de migrantes.*

James Weldon Johnson, 1930

Na virada do século XIX para o XX, ser negro nos Estados Unidos era
uma experiência bastante "estranha", como afirmava William E. B. Du
Bois nas primeiras linhas de *As almas da gente negra* (1903). Um dos

HISTÓRIA SOCIAL DA BELEZA NEGRA

livros mais belos e importantes para quem deseja conhecer a história da construção da dupla consciência do ser negro e norte-americano. A emancipação de 4 milhões de escravizados em 1865, seguida da Reconstrução Radical[1] do Sul pós-guerra, foi um tempo de muita esperança e luta no coração de afro-americanos, exultantes com a promulgação das emendas constitucionais 13, 14 e 15.[2] Conquistado após três séculos de lutas de afirmação e resistência, esse sopro democrático durou pouquíssimo. Em vez da esperada integração, a partir de 1881, com a primeira lei de separação de brancos e negros em transportes públicos no Tennessee, iniciou-se um cenário pavorosamente oposto. O alastramento de políticas de segregação racial no Sul, oficializadas pelo Jim Crow,[3] a legislação separatista de negros e

---

1 A Reconstrução Radical foi um processo da história dos Estados Unidos (1867-1877) que foi um processo histórico relacionado à derrota dos Estados Confederados — os onze estados sulistas que se separaram dos EUA (1860-1861), após a eleição para presidente do antiescravista Abraham Lincoln. Derrotada pela Guerra Civil, essa Confederação dos *estados rebeldes* ficava obrigada a permanecer sob o controle do governo federal e mudar suas instituições para ser aceita pela União. Como reação, surgiu o conjunto de leis do Jim Crow, a oficialização de políticas raciais conservadoras com a supressão gradual dos direitos políticos dos negros e o recrudescimento da segregação racial. Esse estatuto segregacionista foi aplicado durante toda a primeira metade do século XX, até culminar no Movimento dos direitos civis dos negros, liderado por nomes como Judy Richardson, Myrlie Evers, Martin Luther King e Malcolm X.

2 As emendas constitucionais estadunidenses referentes à população negra foram: 13º — Proibição da escravidão (1865); 14º — Concessão de direitos de cidadania aos libertos (1868); e, 15º — Proteção dos direitos eleitorais dos libertos, com ênfase no sufrágio universal masculino (1870).

3 Iniciado com a lei de 1881, que separava negros e brancos nos trens do Tennessee, o Jim Crow foi um conjunto de leis segregacionistas que determinavam a separação de negros nas escolas, tribunais, orfanatos, hospitais, prisões, parques, hospícios, cemitérios, lojas e demais espaços públicos. O nome Jim Crow refere-se a um personagem de *Minstrel Shows* (espetáculo de menestréis) muito famoso à época e com fenótipo *darkie*, algo equivalente ao "escurinho" no Brasil. Uma visão crítica dos usos de *blackfaces* pode ser lida em: W. Fitzhugh Brundage, *Beyond Blackface: African Americans and the Creation of Popular Culture, 1890-1930* [Além da *blackface*: afro-americanos e a criação da cultura popular, 1890-1930], 2011. No Brasil, o estudo de Martha Abreu também traz importantes contribuições ao tema. *Da senzala ao palco: Canções escravas e racismo nas Américas, 1870-1930*. Campinas: Editora da Unicamp, 2017.

SONHOS E QUEBRAS

brancos que anulava o Ato por Direitos Civis aprovado pelo Congresso e institucionalizava a violência racial. "*Southern trees bear a strange fruit*" [As árvores do Sul carregam um fruto estranho], cantava Billie Holiday em lendário protesto contra a indústria do linchamento negro, sustentada pela supremacia branca.

Diante dessa realidade de perda de direitos não consolidados e de institucionalização da opressão, a população de cor conduziu nos próprios termos diversas "lutas espirituais pela vida".[4] Elas foram representadas na forma de uma cultura negra afirmativa em clubes, escolas, igrejas e associações nacionais, como a National Association of Colored Women's Clubs [Associação Nacional de Clubes de Mulheres de Cor] (NAWC, 1896), e a National Association for the Advancement of Colored People [Associação para o Progresso das Pessoas de Cor] (NAACP, 1910).[5] Estas, fundadas em Washington

---

4 "Our Spiritual Strivings" é o título do primeiro capítulo de "As almas da gente negra" (1903), livro no qual o sociólogo William E. B. Du Bois realiza um estudo profundo da *história do Negro Americano* e de suas lutas por afirmação, respeito e igualdade. A ideia de *lutas espirituais pela vida* aparece neste capítulo e representa um fio condutor da obra, bastante inspirada na tradição de protesto negro das igrejas batistas, com seus *spiritual songs*.

5 A National Association for the Advancement of Colored People (NAACP) foi fundada em 12 de fevereiro de 1909, por liberais brancos, como Mary White Ovington e Oswald Garrison Villard (ambos descendentes de abolicionistas). Sua criação ocorreu durante um encontro para discutir *justiça racial* frente à dura realidade de linchamentos diários de negros pelos brancos nos Estados Unidos. Dos sessenta participantes, apenas sete eram afro-americanos, dentre eles o historiador e sociólogo W. E. B. Du Bois e Ida B. Wells-Barnett, jornalista, professora e militante dos direitos civis. O objetivo inicial da organização era fazer valer os direitos das 13ª, 14ª e 15ª emendas constitucionais. Em 1910, a associação estabeleceu seu escritório nacional em Nova York, nomeou Moorfield Storey, um advogado branco, como seu presidente e escolheu uma equipe de diretores em que o único membro afro-americano participante dos quadros executivos era W. E. B. Du Bois. Atuando como diretor de Publicações e Pesquisa, o intelectual fundou em 1910 *The Crisis*, a publicação oficial da organização, que circula até os dias de hoje. Entre 1917 e 1919, seus filiados cresceram de 9 mil para 90 mil. Em 1919, a organização publicou um importante relatório "Thirty Years of Lynching in the US" [Trinta anos de linchamento nos EUA]. Em 1920, James Weldon Johnson tornou-se o primeiro secretário negro da associação. Ainda hoje, o principal objetivo da NAACP é "assegurar a equidade política, educacional, social e econômica dos cidadãos de grupos minoritários dos EUA e eliminar o preconceito racial". Mais informações acerca da história da NAACP: <www.naacp.org/nations-premier-civil-rights-organization/>.

HISTÓRIA SOCIAL DA BELEZA NEGRA

D.C. e Nova York, como tantas outras dedicaram-se à construção de uma nação em que ser negro, em vez de *estranho*, torna sinônimo de orgulho e progresso, nos dizeres da educadora Josephine Silone Yates.

Tanto a presença minoritária na população nacional — variando entre 15,69% em 1850 e 9,9% em 1920, de acordo com pesquisa realizada nos censos demográficos nacionais — como as políticas segregacionistas foram decisivas para que afro-americanos criassem um mundo negro. Assim, foram erguendo suas próprias instituições, suas redes, seus recursos e estilos de vida, afetados drasticamente e ao mesmo tempo autônomos à *América Branca*[6]. Insere-se nesse contexto a formação da imprensa negra, que, no século XIX, transformou-se em uma das mais importantes vozes de afirmação e protesto negros. Estima-se que, entre o surgimento de *Freedom's Journal*, em 1827, na cidade de Nova York, e os anos 1960, circularam pelo país mais de 3 mil jornais e revistas.

A viagem à "nação da imprensa negra"[7] ao folhear, transcrever, interpretar discursos, poemas, fotografias, propagandas e diversos documentos, foi um divisor de águas em minha biografia de mulher negra e historiadora social. Cuidadosamente preservados, os arquivos do Schomburg Center for Research in Black Culture [Centro Schomburg de Pesquisa em Cultura Negra] permitiram-me conhecer *por dentro do véu* as formas de agir e pensar da comunidade afro-americana. Análises políticas da situação do negro, denúncias contra o racismo, conselhos de etiqueta, orientações financeiras, ofertas de empregos, inauguração de bancos, supermercados e hospitais misturavam-se a uma avalanche de notícias sobre educação, exemplos foram

---

6 Mantenho o termo *América Branca* por ser a definição utilizada por afro-americanos na documentação da época. Entretanto, vale ressaltar que América corresponde a um continente composto por 35 países e 18 protetorados; sendo os EUA um destes territórios.

7 Em razão da grande quantidade de títulos em circulação e do seu importante papel na construção de políticas de protesto e de unidade racial, a imprensa afro-americana é também chamada de "nação da imprensa negra". Dorothy Gilliam, no prefácio para *A History of the Black Press* [Uma história da imprensa negra], 1997.

SONHOS E QUEBRAS

divulgação de cursos, saraus, processos seletivos em escolas e universidades e concursos literários. Ao final de cada uma das jornadas diárias de oito horas de pesquisa, aprendia mais sobre a ideologia do protesto negro, que explicava também o fato de eu, em pleno século XXI, estar ali, no Harlem, conectando-me com histórias ancestrais.

Propagada por meio da palavra escrita, a ideologia do protesto negro intensificou-se na virada do século XIX para o XX. Nesse período, milhões de afro-americanos migraram do Sul para o Norte, tornando-se autores de um capítulo central da história de progresso econômico e industrial dos EUA: a Grande Migração[8] — um gigantesco movimento nacional iniciado em 1870,[9] que até 1930 envolveu 2 milhões de negros sulistas. Eram mulheres, homens, crianças que, apavorados com a violência racial do Jim Crow, de organizações racistas, como Ku Klux Klan[10] e as White Camellias [Camélias

---

8 Para se ter uma ideia, a matéria "The Migration of Negroes" [Migração dos Negros], publicada no *The Crisis* em junho de 1917 assinalava um deslocamento de 250 mil trabalhadores de cor no primeiro semestre daquele ano. Destes, 60 mil eram provenientes do Alabama, um dos estados que, ao lado do Mississipi e do Tennessee, concentrava as maiores taxas de emigração. Ao cruzar esta documentação com o Censo Federal de 1910 constata-se que dos 440.534 negros nascidos no Sul, apenas 4,8% permaneciam na região. Diferentes investigações demonstram que boa parte da população negra tinha como destino final lugares como Wisconsin, Ohio, Oregon, Minnesota e Pensilvânia. Mas foram, sem dúvida, estados como Illinois e Nova York que mais receberam migrantes. Somente entre 1916 e 1918, Chicago foi o destino de 24 mil deles, o que aumentou a taxa de crescimento populacional de 36,2%, entre 1880 e 1890, para 50%, entre 1910 e 1920.

9 Nos anos 1870, 149 mil pessoas negras migraram para as regiões Norte e Oeste dos Estados Unidos. *Negro Population in U.S., 1790-1915* [População negra nos EUA, 1790-1915], Departamento de Censos dos Estados Unidos, p. 65.

10 A Ku Klux Klan, ou KKK, é uma sociedade secreta do Sul dos Estados Unidos criada por homens brancos cristãos. Objetiva reafirmar os valores da supremacia da raça branca e combater problemas como o alcoolismo e a prostituição por meio da violência e do terror. Considerado o mais poderoso movimento de direita estadunidense, sua formação inicial foi dissolvida, mas retomou as atividades em 1915, na Geórgia. Nancy MacLean registra que, nos anos 1920, em seu período mais florescente, a organização contou com 5 milhões de membros. A autora oferece instigante pesquisa ao revisar a imagem hegemônica dos *klansmen*. Em vez de analisá-los como típicos chefes de família cristãos obcecados com a moralidade e a honra da família, MacLean examinou como tais homens usaram o ódio racial contra negros

HISTÓRIA SOCIAL DA BELEZA NEGRA

Brancas],[11] corajosamente deixaram para trás o pouco que tinham, migrando para o Norte, Nordeste e Oeste do país.

Apesar das muitas pesquisas sobre as migrações negras, em 2010, Isabel Wilkerson chamou a atenção para o fato de esse evento permanecer tratado mais como contexto do que como assunto de estudo. As pesquisas feitas no acervo Letters of Negro Migrants of 1916-1918 [Cartas de Negros Migrantes],[12] com missivas enviadas a jornais de circulação nacional — como *The Chicago Defender* e o *The New York Age* —, que no começo do século XX estimularam a migração afro-americana, viabilizaram um estudo focado no pensamento das classes trabalhadoras negras migrantes.

A tomada de decisões sobre como, quando e com quem partir na jornada rumo à liberdade demandava coragem, criatividade e redes de apoio para conclusão de diversas etapas. Assim, apoiadores eram importantes tanto para oferecer empréstimos, escrever e enviar cartas à procura de empregos quanto para ampliar laços de solida-

---

(e também judeus e imigrantes) para expressar seu medo diante das mudanças anunciadas pela ordem capitalista. Para aprofundar a análise: Nancy MacLean, *Behind the Mask of Chivalry: The Making of the Second Ku Klux Klan* [Por trás das máscaras da cavalaria: a construção da segunda Ku Klux Klan], 1994.

11 Knights of the White Camellia [Cavaleiros da Camélia Branca] (KWW) foi uma organização terrorista fundamentada na política do terror branco. Criada em 1867, em Nova Orleans, Louisiana, pelo advogado Alcibiades DeBlanc e alicerdada pela ideologia da supremacia branca, a organização possuía ligações com o Partido Democrata e empregava métodos violentos de intimidação a eleitores negros durante o período da Reconstrução. Seus membros eram homens brancos com poder econômico e prestígio político — advogados, editores, jornalistas, médicos, militares e oficiais de justiça —, que tinham como objetivo defender os ideias de pureza racial. Organizada por meio de conselhos e guardas, com seus secretários e tesoureiros, a KWW perdurou até 1869, alcançando estados como o Texas e as Carolinas do Norte e do Sul. James G. Dauphine, *Louisiana History: The Journal of the Louisiana Historical Association*, v. 30, n° 2 (Primavera, 1989), pp. 173-190. Disponível em: <www.jstor.org/stable/4232730?read-now=1&seq=13#metadata_info_tab_contents>.

12 As cartas enviadas ao jornal *The Chicago Defender* foram reunidas entre 1916 e 1918, em pesquisa realizada no Sul dos EUA, pela equipe de Emmett J. Scott. Emmett J. Scott, *Letters of Negro Migrants, 1916-1918* [Cartas de negros migrantes, 1916-1918], *The Journal of Negro History*, v. 4, n. 3, julho de 1919, pp. 290-340.

SONHOS E QUEBRAS

riedade em jornais, associações comerciais, agências de emprego, imobiliárias e igrejas.

A leitura dessa documentação foi um dos momentos mais emocionantes da pesquisa, porque me aproximei das histórias de vida de pessoas que deixaram para trás famílias, amores, trabalhos em campos de algodão, de tabaco em plantações de cana, praticando, em condições extremamente precárias, seu direito de sonhar e fazer escolhas próprias.[13] Um direito que trazia junto o grande desafio de aprender a lidar com as quebras e incertezas que a migração em busca de uma vida mais segura em termos físicos, emocionais e financeiros representava.

Conhecer as expectativas que essas pessoas depositavam no mundo do trabalho urbano foi fundamental para entender, mais adiante, a importância da indústria cosmética para afirmação das classes trabalhadoras negras. Cremes faciais, capilares, sabonetes e loções foram importantes para moças migrantes. Eram trabalhadoras domésticas, lavadeiras, cozinheiras e babás que, no Sul, ganhavam menos de US$ 1 por dia trabalhado e, ao desembarcarem no Norte, desejavam *melhorar a aparência* para concorrer aos postos de operárias, enfermeiras e secretárias.

Ser uma garota de cor significava lidar diariamente com as violências de gênero e raça, o que demandava das migrantes atitudes alinhadas aos padrões esperados para o feminino. Isso é evidenciado nas cartas de mulheres, nas quais argumentos de disponibilidade para qualquer tipo de trabalho e promessa de gratidão imensurável, ausentes nas cartas assinadas por homens, repetiam-se:

---

13 Ao discutir a natureza dos migrantes do Sul, é importante considerar a variedade de experiências obscurecidas pelo termo *negros sulistas*. Frederick Miller aponta que, mesmo no Sul, mais da metade da população negra já estava estabelecida em áreas urbanas. Considerando as pesquisas feitas em Chicago e Pittsburgh, o autor demonstra que nessas cidades apenas um quarto dos recém-chegados eram agricultores. Frederic Miller, "The Black Migration to Philadelphia: a 1924 Profile" [A migração negra para a Filadélfia: um perfil de 1924], *Pennsylvania Magazine of History and Biography*, julho de 1984, pp. 315-350, p. 349.

HISTÓRIA SOCIAL DA BELEZA NEGRA

Prezado Senhor;

Estou lhe escrevendo para pedir sua ajuda [...] procurei por trabalho aqui [Nova Orleans] durante três meses e não encontrei nada. Uma vez encontrei um trabalho de US$ 1 por semana para uma garota velha de 15 anos, mas eu não aceitei. Agora você provavelmente está dizendo "como pode ser isso?", mas Nova Orleans é um lugar muito duro [...]. Diga a alguém para trabalhar só por comida [*sic*]. A única ajuda que tenho é da minha mãe. Ela tem um trabalho de duas semanas agora e é mãe de quatro crianças pequenas, além de mim. Tenho 15 anos. Minha mãe tem passado por momentos muito difíceis. Ela está disposta a me enviar. Se você me mandar uma passagem, não vai se arrepender. Não sou uma garota preguiçosa, sou esperta e tenho aprendido muito, mas posso fazer qualquer tipo de trabalho que chegar às minhas mãos. Hoje mesmo estou aqui preocupada se posso lhe explicar minhas habilidades. Já saí três vezes, e ainda é apenas meio-dia. Se puder, me envie uma passagem. Essa é a coisa mais importante que posso lhe dizer. Como eu serei grata. Tenho roupas de frio para levar e vestir. Minha avó me vestia, mas agora ela está morta e minha mãe é tudo o que tenho. Por favor, me envie uma passagem e não vai se arrepender. Se você escrever e falar [ilegível], por favor, responda. Ficarei feliz com isso, mas se você me enviasse uma passagem eu ficaria muito contente. Vou pagar e trabalhar pela minha passagem, se você a enviar. Desculpe-me por falar. Não posso conversar como eu gostaria. Se você e sua família não se preocuparem comigo, ficarei no meu local de trabalho e irei visitar vocês e fazer tudo o que estiver ao meu alcance. Desculpe pela redação ruim.[14]

---

14 Carta, Nova Orleans, Louisiana, 27 de agosto de 1917. "Letters of Negro Migrants", 1919, p. 316.

As promessas de melhores oportunidades divulgadas na imprensa negra atraíam muitas moças, considerando que veículos, como o *The Crisis*, recorrentemente publicavam textos apresentando o Norte como o melhor lugar para as que desejassem realizar "qualquer trabalho". É o caso do artigo "The Colored Woman in Industry" [As mulheres de cor na indústria], no qual Mary E. Jackson noticiava a história promissora de uma menina de cor que ganhava US$ 4,50 por dia em uma fábrica de estampas em Detroit. Mesmo que em outras fábricas, como a de empacotamento de castanhas, a média fosse de US$ 6 por semana, o salário oferecido pela primeira, se comparado à remuneração no Sul, permanecia vantajoso. Ao final da matéria, a jornalista conclui que, ainda que, em cidades como a Filadélfia, as operárias de cor atuassem em andares separados das brancas — que "tinham preconceito contra elas" —, o trabalho delas era de vital importância para a "nação como um todo".[15]

As cartas também suscitam muitas discussões sobre as desigualdades de oportunidades educacionais entre pessoas negras e brancas — tema recorrente nas páginas dos periódicos negros, dadas as permanentes articulações entre educação e progresso da população de cor. O *The Crisis*, por exemplo, contava com a seção "Education" [Educação], dentro da coluna "The Horizon" [O Horizonte]:

> Um recente relatório sobre as escolas públicas de Greenville, Carolina do Sul, demonstra que a renda *per capita* anual gasta com alunos brancos é de US$ 19,38 ao passo que é US$ 1,40 com os de cor. Três anos atrás, os primeiros recebiam US$ 15,40, enquanto os segundos US$ 1,25. Cada professor branco tinha 39 alunos. Já os professores de cor possuíam 95.[16]

---

15 Mary E. Jackson, "The Colored Woman in Industry" [As mulheres de cor na indústria], *The Crisis*, novembro de 1918, p. 12.

16 *The Crisis*, outubro de 1916, p. 298.

HISTÓRIA SOCIAL DA BELEZA NEGRA

A carta de um professor do Mississipi apresenta em detalhes as tremendas discrepâncias:

Sou um homem jovem e incapaz, notavelmente, de realizar trabalhos manuais duros. Fui educado no Alcorn College e lecionei por poucos anos, mas, na Superintendência que nós, professores pobres de cor, ensinamos, somos considerados a besta mais repugnante. Sou designado a ensinar 150 crianças sem nenhuma assistência, e recebo US$ 27 por mês, o branco com 30 crianças consegue US$ 100. Estou de saco cheio. Estou tão cansado de tais condições que às vezes penso que a vida para mim não vale a pena e iminentemente começo a concordar com Patrick Henry: "Dê-me a liberdade ou dê-me a morte." Se eu fosse um homem fisicamente forte, já teria abandonado [esta situação] há muito tempo, mas esta desvantagem me [sic], e devo perguntar antes de pular. Mr H., você acredita que pode me ajudar a conseguir uma posição? Sou um bom estenógrafo, digitador e guardador de livros, ou qualquer tipo de trabalho não muito pesado ou rude. Eu tenho 1,37 metros de altura e peso 47,8 kg. Darei qualquer outra informação com muita alegria e apreciarei enormemente qualquer ajuda que possa me oferecer.[17]

As discussões sobre intelectualidade, talento e trabalho artístico também aparecem em muitas narrativas, contrapondo-se às visões preconceituosas de brutalidade e ignorância:

Prezado Senhor;

Esta é de certa forma uma carta informativa. Sou um garoto de cor com 15 anos de idade. Tenho talento como artista e estou

---

17 Carta, Lexington, Mississipi, 12-17 de maio de 1917. Scott, "Letters of Negro Migrants", 1919, p. 304.

SONHOS E QUEBRAS

em busca de alguém para cultivar esse meu talento. Estudei desenho, logo, sou desenhista, e pretendo visitar Chicago neste verão. Quero manter contato com sua associação e também saber se é de seu conhecimento que um garoto de cor pode se tornar um artista e fazer o salário de um homem branco lá [em Chicago]. Quando receber sua resposta, falarei mais a meu respeito e enviarei algumas amostras do meu trabalho.[18]

A Grande Migração é um processo central para compreender a história negra nos Estados Unidos, como indicam as biografias de Dionne Warwick, John Coltrane, Michelle Obama, Miles Davis e Toni Morrison. Expoentes afro-americanos, filhos e netos de mulheres, homens e crianças que corajosamente lutaram por dignidade, igualdade e respeito, atravessando rios e montanhas, em estradas, barcos e trens, marcados por seus sonhos de liberdade.

---

18 Carta, Palestine, Texas, 11 de março de 1917. Scott, "Letters of Negro Migrants", 1919, p. 297.

2
"OS PERIGOS DO NEGRO BRANCO"[1]

> *Os mulatos que vemos na rua são invariavelmente descendentes de uma, duas ou três gerações de mulatos. Neles a infusão de sangue branco provém do século XVII, visto que em Nova York somente em 3% dos casamentos das pessoas de cor uma das partes era "branca".*
>
> William Du Bois, 1911

COLORISMO, UMA NOVA PALAVRA

Desde o século XVI, quando os primeiros africanos escravizados desembarcaram nos Estados Unidos (Nova Inglaterra), as relações de opressão, fundamentadas na cultura patriarcal do estupro, produziram uma realidade complexa de miscigenação que, em tese, contrastava com os ideias de pureza racial da supremacia branca. Eu já conhecia essa lógica, presente na história do Brasil e de todas as sociedades escravistas. Entretanto, havia algo novo, que desde os primeiros dias de pesquisa no Schomburg chamava a minha atenção: o desequilíbrio entre a quantidade de imagens de pessoas mulatas (a maioria) e de

---

1 Uma versão preliminar deste capítulo encontra-se em "Os perigos dos negros brancos: cultura mulata, classe e beleza eugênica no pós-emancipação (EUA, 1900-1920)", *Revista Brasileira de História*, v. 35, no 69, pp.155-176, 2015. Disponível em: <www.scielo.br/pdf/rbh/v35n69/1806-9347-rbh-35-69-00155.pdf>.

retintas (minoria) na imprensa negra das décadas de 1900 a 1930. O contato com essa realidade do século XX motivou-me a recuar no tempo para o estudo da história colonial, período de formação de uma cultura mulata. Originária do racismo, com profundo impacto na comunidade negra e em suas relações raciais, ela faz parte da história do colorismo, um conceito que em 2009 ainda não havia chegado ao Brasil e foi essencial em minha pesquisa.

Como historiadora social, estudar a formação de uma ideologia racial negra, baseada na superioridade *light* e na inferioridade *dark*, gerou muitos desconfortos. No entanto, esses incômodos foram importantes para aprender a equilibrar minhas expectativas de pesquisadora. Um processo que me exigiu aprimorar a habilidade acadêmica para conduzir uma investigação focada na realidade de vida dos sujeitos pesquisados, buscando mais compreender as ações políticas e o pensamento negro do que julgar atitudes individuais e coletivas com as lentes do essencialismo racial e da romantização da ideia de irmandade negra. Para oferecer um panorama geral dessa história complexa, organizei este capítulo em três eixos: "Infusão de sangue branco", em que trato da formação de uma cultura mulata dentro do sistema escravista; "Delírios da supremacia branca", no qual analiso a evolução do sistema de classificação racial nos censos demográficos, que ensinam mais sobre imprecisão do que objetividade científica; e "Africanos disfarçados", em que discuto a disseminação da cultura mulata na imprensa negra por meio de fotografias e histórias veiculadas pela revista de Chicago *The Colored American Magazine*, entre 1900 e 1902.

"INFUSÃO DE SANGUE BRANCO"

Desde 1850, ano do primeiro Censo Nacional dos Estados Unidos, a categoria racial *Negro* referia-se a dois grupos: *Black* e *Mulatto*. Essa era uma subdivisão que reforçava ainda mais a definição de oportunidades com base na pele clara ou escura das pessoas negras no mundo escravista e que estavam organizadas nas *plantations* do Sul em três grandes grupos de trabalhadores: agricultores, artesãos e artistas e

"OS PERIGOS DO NEGRO BRANCO"

criados domésticos. Estes últimos, geralmente mulatos, eram chamados *negros da casa*.[2]

Na maior parte dos casos, a predominância mulata no trabalho doméstico relacionava-se a vínculos familiares construídos através de crimes de estupro de senhores brancos contra mulheres escravizadas. Embora poucas, havia também as histórias de casamentos inter-raciais. Dessas realidades nasceram muitos mestiços. Os *mixed-blood*, pessoas que, com aparência branca e ascendência negra, suscitavam dúvidas sobre como definir sua condição legal. Negros, portanto escravizados? Brancos, consequentemente livres?

Nesse contexto de impasses, a partir dos anos 1660, as legislações coloniais de diversos estados determinaram que crianças filhas de mulheres escravizadas seriam classificadas da mesma forma que a mãe. Mas isso não resolvia o problema, uma vez que mulheres brancas também se relacionavam com homens negros, dando à luz bebês mestiços. Diante da ameaça à supremacia branca, a partir do século XVII, a mestiçagem tornou-se alvo de fortes políticas governamentais. Entretanto, à medida que os anos passavam, a população mulata crescia, fazendo com que a existência de pessoas com ascendência africana — escravizadas, livres e libertas — com pele clara, olhos verdes e cabelos lisos fosse corriqueira no século XIX.

Recorrentes em todo território, as relações inter-raciais eram ao mesmo tempo alimentadas e combatidas com uma legislação anti-mestiçagem diferente em cada lugar. Na Virgínia, tal contexto culminou na promulgação do Ato de 1785, que definia como *negro* qualquer indivíduo filho ou neto de *Black*. Pode-se considerar esse ato como o surgimento legal do sistema *One drop rule*, a Regra de uma gota. A partir de sua promulgação, qualquer pessoa com uma gota de sangue *Black* passaria a ser considerada um *africano puro*. Todavia, alguns estados recusaram o mecanismo. Na Louisiana, foi criado um sistema de classificação racial distinto, que tomava por base as seguintes ca-

---

2 Em geral, os *negros da casa* tinham pele clara. Nesse sentido, a definição *da casa* pressupunha pele clara. Ronald Hall, *An Historical Analysis of Skin Color Discrimination in America: Victimism among Victim Group Populations* [Uma análise histórica da descriminação por cor de pele nos Estados Unidos: Vitimismo entre os grupos populacionais vitimizados], 2010, pp. 41 e ss.

tegorias: *sang-meles*, pessoas com 1/64 de sangue *Black*; *sambos*, com 3/4; *mangos*, com 7/8. Já, na Carolina do Sul, o sistema assegurava direitos individuais, como o *passing* (passabilidade). Este conferia a pessoas mulatas de pele clara, com feições europeias, o direito reconhecido por lei de se autoidentificarem brancas por meio de um documento denominado *proper acting*, que certificava o estatuto legal de brancura.

Aproveitando-se das brechas e ressignificando as barreiras da convivência inter-racial, muitos mulatos acessaram de dentro a cultura senhorial, forjando oportunidades de estudo, especialização em profissões, realização de trabalhos extra e compra de alforrias. Mas é importante registrar que, ainda que houvesse possibilidades, elas eram limitadíssimas, e essas pessoas permaneciam integrantes do grupo *Negro*, alvo permanente da opressão senhorial. Assim, mulheres mulatas viviam vulneráveis às violências sexuais naturalizadas na cultura patriarcal. Sinhás desconfiadas das traições maritais infligiam castigos, torturas físicas em crianças e arquitetavam separações, por meio da venda de familiares dessas pessoas.[3] Foi nesse contexto de afirmação negra limitada pelo racismo que mordomos, cozinheiras, pajens, damas de companhia e cocheiros formaram uma elite mulata, fundamentada no colorismo — ideologia racial produzida pela escravidão.

Para entender melhor essa história, estudei a política de organização racial executada pelo governo estadunidense e, por meio da pesquisa e análise de censos demográficos nacionais, confeccionei três tabelas que permitem visualizar a comunidade negra em si e em relação à população total dos Estados Unidos.

Considerando o período de 1850 a 1920, na Tabela 1 apresento o quantitativo da população total de negros, evidenciando as categorias

---

3 Ao estudar as relações entre mulheres escravizadas, sinhás e suas diferentes percepções de gênero no Sul dos Estados Unidos antes da Guerra Civil, Elizabeth Fox-Genovese observa que, se a mulher escravizada fosse uma das favoritas, ela poderia ser enviada a lugares como Nova Orleans para receber treinamento profissional de cabeleireira e bordadeira, dedicando-se, dali por diante, quase que exclusivamente, a pentear o cabelo e cuidar das roupas de sua senhora. Elizabeth Fox-Genovese, *Within the Plantation Household: Black and White Women of the Old South* [Dentro da casa-grande: Mulheres negras e brancas no Sul antigo], 1988, p. 163.

"OS PERIGOS DO NEGRO BRANCO"

Black e *Mulatto*. Na Tabela 2, os dados da população negra são comparados com a população total dos Estados Unidos e é apresentada a população mulata (que, no período levantado, variava entre 1,75% a 2,23%). Já na Tabela 3, é possível acompanhar o comparativo da população branca, negra e mulata na Geórgia, em Illinois e em Nova York, os principais estados pesquisados.

TABELA 1. População *Negro* estadunidense, dividida em *Black* e *Mulatto*, 1850-1920 (porcentagens aproximadas)[4]

Ano	População Negro	População Black	Porcentagem Black	População Mulatto	Porcentagem Mulatto
1850	3.638.808	3.233.057	88,5%	405.751	11,5%
1860	4.441.830	3.853.467	86,75%	588.363	13,25%
1870	4.880.009	4.295.960	88,04%	584.049	11,96%
1880	6.580.793	—	—	—	—
1890	7.488.676	6.337.980	84,63%	1.132.060	15,11%
1900	8.833.994	—	—	—	—
1910	9.827.763	7.777.077	79,14%	2.050.686	20,86%
1920	10.463.131	8.802.557	84,13%	1.660.554	15,87%

Fonte: Tabela adaptada de "Color, or Race, Nativity and Parentage" [Cor, raça, nascimento e parentesco], in *Thirteenth Census of the United States Taken in the Year 1910* [13º Censo dos Estados Unidos, 1910], Department of Commerce [Departamento de Comércio], Bureau of the Census [Departamento de Censo dos Estados Unidos], Washington Government Print Office [Imprensa Oficial do Governo de Washington], "Population, General Report and Analysis" [Relatório geral e análise, população], Tabela 6, v. 1, p. 129.

---

4 Nesta tabela específica, as estatísticas de 1880 consideram apenas o grupo *Negro*, sem as subdivisões *Black* e *Mulatto*. Ainda sobre a mesma tabela para 1890, existe uma diferença entre o grupo *Negro* e o somatório de *Black* e *Mulatto*. De acordo com os recenseadores, isso ocorre porque "[a categoria Negro] inclui 18.636 negros enumerados em território Inidan, sem distinção de *black* or *mulatto*". Na década de 1900, a categoria *Mulatto* foi retirada do censo, o que explica a ausência de dados. Para saber mais: "Color, or Race, Nativity and Parentage" [Cor, raça, nascimento e parentesco], in *Thirteenth Census of the United States Taken in the Year 1910* [13º Censo dos Estados Unidos, 1910], Department of Commerce [Departamento de Comércio], Bureau of the Census [Departamento de Censo dos Estados Unidos], Washington Government Print Office [Imprensa Oficial do Governo de Washington], "Population, General Report and Analysis" [Relatório geral e análise, população], Tabela 6, v. 1, p. 129, nota 2.

TABELA 2. População *Negro* e *Mulatto* em relação à população total dos Estados Unidos

Ano	População total dos EUA	População Negro	Porcentagem Negro	População Black	Porcentagem Black	População Mulatto	Porcentagem Mulatto
1850	23.191.876	3.638.808	15,69%	3.233.057	88,5%	405.751	1,75%
1860	31.433.321	4.441.830	14,13%	3.853.467	86,75%	588.363	1,87%
1870	38.558.371	4.880.009	12,66%	4.295.960	88,04%	584.049	1,51%
1880	50.155.783	6.580.793	13,12%	—	—	—	—
1890	62.947.714	7.488.676	11,9%	6.337.980	84,63%	1.132.060	1,8%
1900	75.994.575	8.833.994	11,62%	—	—	—	—
1910	91.972.266	9.827.763	10,69%	7.777.077	79,13%	2.050.686	2,23%
1920	105.710.620	10.463.131	9,9%	8.802.557	84,13%	1.660.554	1,57%

Fonte: Tabela adaptada de "Color, or Race, Nativity and Parentage" (Cor, raça, nascimento e parentesco), in *Thirteenth Census of the United States Taken in the Year 1910* [13º Censo dos Estados Unidos, 1910], Department of Commerce [Departamento de Comércio], Bureau of the Census [Departamento de Censo dos Estados Unidos], Washington Government Print Office [Imprensa Oficial do Governo de Washington], "Population, General Report and Analysis" [Relatório geral e análise, população], Tabela 6, v. 1, p. 129.

TABELA 3. População *Branca*, *Negro e Mulatto* nos estados de Geórgia, Illinois e Nova York, 1850-1920

Ano	Geórgia			Illinois			Nova York		
	Branca	*Negro*	*Mulatto*	*Branca*	*Negro*	*Mulatto*	*Branca*	*Negro*	*Mulatto*
1850	521.672	384.613	—	846.034	6.496	—	3.048.325	49.089	—
1860	591.550	465.698	—	1.704.291	7.628	—	3.831.590	49.005	—
1870	638.926	545.142	43.328	2.511.096	28.762	7.343	4.330.210	52.061	5.583
1880	816.906	725.133	85.133	3.031.151	46.368	16.682	5.016.022	65.104	15.240
1890	978.357	858.815	204.205	3.766.472	57.028	36.828	5.923.255	70.092	30.608
1900	1.181.294	1.034.813	—	4.734.873	85.078	—	7.156.881	99.232	—
1910	1.431.802	1.176.987	—	5.526.962	109.049	—	8.966.845	134.191	—
1920	1.689.114	1.206.365	—	6.299.333	182.274	—	10.172.027	198.483	—

Fonte: Tabela adaptada de Walter Willcox, "The Negro Population" [A população negra], in *Negroes in the United States* [Negros nos Estados Unidos], Department of Commerce [Departamento do Comércio], Bureau of the Census [Departamento de Censo dos Estados Unidos], Washington Government Print Office [Imprensa Oficial do Governo de Washington], 1904, Tabela 2, p. 102.

Delírios da supremacia branca

A miscigenação permanecia praticada de formas variadas,[5] e a preocupação em detalhar a ascendência africana ensina bastante sobre os delírios da supremacia branca em relação a uma ideia inalcançável de pureza. Nos quadros, seguimos a reorganização racial conduzida pelas autoridades nacionais através dos censos demográficos estaduais (Quadro 1), principalmente a partir de 1850, quando *Mulatto* tornou-se uma categoria oficial. Destaco a inclusão das categorias *Quadroon* e *Octoroon*[6] no recenseamento de 1890, momento de perda dos direitos civis, conquistados na Guerra de Secessão, e de fortalecimento das políticas de segregação do Jim Crow no Sul, além da inclusão das descrições minuciosas de categorias raciais (Quadro 2), produzidas para instruir os recenseadores. Dada a ausência de informações metodológicas sobre como categorizar as pessoas, tais descrições evidenciam a impossibilidade de alcançar o propósito da identificação racial precisa.

---

5 Na cidade de Nova Orleans, eram recorrentes os *quadroon balls*, cerimônias nas quais mulheres mulatas eram cortejadas por poderosos homens brancos. Para saber mais sobre o assunto: Paul R. Spickard, *Mixed Blood: Intermarriage and Ethnic Identity in Twentieth-Century America* [Mestiços: Casamentos mistos e identidade étnica nos Estados Unidos no século XX], 1989, p. 245.

6 O Censo de 1890 determinava que *Quadroon* fosse aplicado aos que possuíssem um quarto de sangue africano e *Octoroon* àqueles com um oitavo. *Ibidem*, p. 58.

"OS PERIGOS DO NEGRO BRANCO"

QUADRO 1. Evolução das categorias de cor para *Negroes* no Censo Demográfico dos Estados Unidos, 1850-1960[7]

Ano	Categorias
1850	*Black* e *Mulatto*
1860	*Black* e *Mulatto*
1870	*Black* e *Mulatto*
1880	*Black* e *Mulatto*
1890	*Black, Mulatto, Quadroon, Octoroon*
1900	*Black*
1910	*Black* e *Mulatto*
1920	*Black* e *Mulatto*
1930-1960	*Negro*

Fonte: Departamento de Censo dos Estados Unidos, 1790-1990.

---

7 Sobre a retirada da categoria *Mulatto*, o Comitê Consultivo do Censo afirmou o seguinte, em 1928: "a principal razão para desistir da tentativa de separar negros e mulatos é o fato de que os resultados anteriores tinham sido muito imperfeitos". Veja mais em: Melissa Nobles, *Shades of Citizenship: Race and the Census in Modern Politics* [Tons de cidadania: Raça e o censo na política moderna], 2000, p. 68.

HISTÓRIA SOCIAL DA BELEZA NEGRA

QUADRO 2. Instruções dadas aos recenseadores relacionadas às classificações *Black, Mulatto, Quadroon* e *Octoroon*, 1850-1920

Ano	Classificações	Instruções
1850	*Black* e *Mulatto*	"Na rubrica 5, intitulada 'Cor', insira, em todos os casos em que o escravo for *Black*, a letra B; quando ele ou ela for *Mulatto*, inserir M. A cor de todos os escravos deve ser registrada." [Para a listagem das populações livres, os recenseadores foram orientados de forma distinta.] "Na rubrica 6, intitulada 'Cor', nos casos em que a pessoa for branca, deixe o espaço em branco; em todos os casos em que a pessoa for *Black*, insira a letra B; se *Mulatto*, insira M. É necessário que estes últimos sejam particularmente considerados."
1860	*Black* e *Mulatto*	"Em todos os casos em que a pessoa for *Black* sem mistura, insira a letra 'B'; se for um *Mulatto* ou sangue miscigenado, insira 'M'. É extremamente aconselhável seguir essas instruções cuidadosamente."
1870	*Black* e *Mulatto*	"Seja particularmente cuidadoso ao reportar a classe *Mulatto*. A palavra é aqui genérica e inclui *Quadroons, Octoroons* e todas as pessoas que possuem algum traço de sangue africano perceptível. *Importantes resultados científicos dependem da correta determinação dessa classe.*"
1880	*Black* e *Mulatto*	"Seja particularmente cuidadoso ao reportar a classe *Mulatto*. A palavra é aqui genérica e inclui *Quadroons, Octoroons* e todas as pessoas que possuem algum traço de sangue africano perceptível. Importantes resultados científicos dependem da correta determinação dessa classe."

"OS PERIGOS DO NEGRO BRANCO"

1890	Black, Mulatto, Quadroon, Octoroon	"Seja particularmente cuidadoso ao fazer as distinções entre Blacks, Mulattoes, Quadroons e Octoroons. A palavra 'Black' deve ser usada para aquelas pessoas que têm três quartos ou mais de sangue negro, 'Mulatto' para aquelas pessoas que têm de três a cinco oitavos de sangue negro, 'Quadroon' para aquelas que têm um quarto de sangue negro e 'Octoroon' para aquelas que têm um oitavo ou qualquer traço de sangue negro".
1900	Black	"Escreva 'B' para Black (negro ou descendente de negro)."
1910	Black e Mulatto	"Escreva [...] 'B' para Black, 'Mu' para Mulatto [...]. Para os propósitos do censo, o termo 'Black' (B) inclui aquelas pessoas que são evidentemente de total descendência (full-blooded) negra, enquanto o termo 'Mulatto' (Mu) inclui todas as pessoas que têm alguma proporção ou algum traço perceptível de sangue negro."
1920	Black e Mulatto	"Escreva [...] 'B' para Black, 'Mu' para Mulatto [...]. Para os propósitos do censo, o termo 'Black' (B) inclui aquelas pessoas que são evidentemente de sangue negro puro, enquanto o termo 'Mulatto' (Mu) inclui todas as pessoas que têm [apenas] alguma proporção ou algum traço perceptível de sangue negro."

Fonte: Departamento do Censo dos Estados Unidos, 1790-1990, in Melissa Nobles, *Shades of the Citizenship*, pp. 187-188.

"AFRICANOS DISFARÇADOS"

Em 1907, uma *morena evidente* foi forçada a retirar-se de um ônibus exclusivo para brancos. Apesar dos protestos e de provas visíveis de sua brancura, a jovem, integrante de uma influente família sulista, foi obrigada a sentar-se no transporte do Jim Crow. Afiadas em sempre *detectar o sangue africano*, as pessoas do Sul descobriam o fato, ainda que o alisamento do cabelo ou a clareza da pele disfarçasse tal descendência. Até mesmo no Norte, onde as linhas de cor não eram tão rigidamente definidas, a questão da *identidade equivocada* preocupava a população. Lá, tanto homens quanto mulheres perto da idade de casar eram aconselhados a investigar a fundo o *pedigree* de seus amados para afastar qualquer possibilidade de terem a vida ligada a *africanos disfarçados*. A despeito das complicações sociais e familiares, no Norte e no Sul, tornava-se uma tendência crescente os casos de homens e mulheres de cor que se *passavam por brancos*, quando assim o podiam fazer.

Publicado na *The Colored American Magazine*, o texto "Perils of the White Negro" [Os perigos do negro branco],[8] de Fannie Barrier Williams, contextualiza o clima tenso e perigoso vivenciado pela população negra durante a vigência do Jim Crow. Em alternativa às restrições de cidadania, mulatos, que como vimos constituíram-se um grupo diferenciado, serão os principais propulsores de uma imprensa negra baseada em um padrão mestiço de negritude, associado à educação, à beleza e ao progresso econômico.

Ainda nos anos da Reconstrução, muitos desses mulatos tornaram-se figuras de prestígio e influência política no país. É o caso de Booker T. Washington, primeiro diretor do Tuskegee Institute no Alabama, e de mulheres como Fannie Barrier Williams, distinta professora e oradora, também autora do texto "A Northern Negro's Autobiography" [Uma autobiografia de um Negro do Norte], no qual afirmou nunca ter vivido "discriminação por conta da cor".[9] Assim como outros intelectuais negros, Fannie e Booker integravam a pigmentocracia. Um grupo seleto de mulatos, que, com formação universitária, in-

---

8 Fannie Barrier Williams, "Perils of the White Negro" [Os perigos do negro branco], *The Colored American Magazine*, 1907, pp. 421-423.

9 Fannie Barrier Williams, "A Northern Negro's Autobiography" [Uma autobiografia de um Negro do Norte], *Independent*, 1904.

"OS PERIGOS DO NEGRO BRANCO"

fluência política e capital econômico, assumiu diversos projetos como líder da Raça Negra,[10] em cidades como Filadélfia, Savannah, Atlanta, Nova York, Saint Louis, Boston, Nova Orleans.

Nas edições da *The Colored Magazine* publicadas entre 1900 e 1902, é possível entender melhor essa história de professoras, professores, políticos, empresários, presidentes de clubes e organizações que se autodefiniam figuras influentes, realizadoras e comprometidas com a Raça Negra. Exemplos disso são o *professor* B. H. Hawkins, "proprietário do New National Hotel and Restaurant", e William Pope, "presidente da Square Cafe",[11] que assinalam o compromisso dessa imprensa negra em formar o público leitor dentro dos ideais da cultura mulata. Era uma formação com base na valorização da cultura escrita, conforme podemos verificar no conteúdo da revista, que dispunha de contos, poemas, romances e anúncios de eventos, como os saraus de clubes femininos.

O intento pedagógico também era representado por espaços fixos reservados para homenagear figuras com reconhecida importância. A coluna "Famous Women of the Race" [Famosas da Raça] destaca-se. Em suas páginas era possível aprender sobre o protagonismo feminino na história afro-americana com imagens e pequenos textos, como

---

10 Cabe salientar que os intelectuais afro-americanos mantêm uma longa tradição de estudos sobre a pigmentocracia, na qual se destacam trabalhos pioneiros, como: Ambrose Caliver, *A Background Study of Negro College Students* [Um estudo do contexto dos estudantes universitários negros], 1933; Carter Goodwin Woodson, *The Negro Professional Man and the Community* [O homem negro profissionalizado e a comunidade], 1934; Edward Byron Reuter, *The Mulatto in the United States* [O mulato nos Estados Unidos], 1918. Uma análise mais recente, preocupada com as articulações de gênero, políticas raciais e pigmentocracia, pode ser vista em Maxine Leeds Craig, *Ain't I a Beauty Queen: Black Women, Beauty and the Politics of Race* [E eu não sou uma rainha da beleza? Mulheres negras, beleza e a política de raça], 2002. Sobre os impactos da pigmentocracia no Caribe, sugiro: Winston James; Clive Harris, *Inside Babylon: The Caribbean Diaspora in Britain* [Dentro da Babilônia: A diáspora caribenha na Grã-Bretanha], 1993.

11 William Moore, "Progressive Business Men of Brooklyn" [Os homens de negócio em ascensão do Brooklyn], *The Voice of the Negro: An Illustrated Monthly Magazine,* julho 1904, pp. 304-8.

HISTÓRIA SOCIAL DA BELEZA NEGRA

os dedicados às abolicionistas Harriet Tubman e Sojourner Truth, "educadoras na luta pela independência e pelo respeito à masculinidade de sua Raça".[12] Na página das homenagens, que evocavam o "respeito" ao homem negro, também era possível ver imagens de mulheres ligadas à ideia de dona de casa, seguidas por textos e notas com dicas de decoração, vestuário e roteiros para passeios nos fins de semana, evidenciando as desigualdades de gênero.

Para integrar a pigmentocracia, não bastava ser uma pessoa mulata. Era preciso estudar, ter boas maneiras, emprego fixo, imóveis e carros, possuir propriedades, como salões, pensões, barbearias e tipografias. Também contava-se com proprietários de terrenos, Bancos, supermercados, funerárias, joalherias, seguradoras, consultórios médicos ou dentários e escritórios de advocacia — espaços do mundo negro criados como alternativa às barreiras da legislação Jim Crow. Nos anos 1920, por exemplo, existiam duzentos hospitais e 25 escolas de enfermagem negros nos Estados Unidos.[13] Entre 1888 e 1934, foram fundados 134 Bancos.[14] Originárias do Freedmen's Savings Bank, Banco de desenvolvimento voltado especialmente a apoiar os negros emancipados, essas instituições operaram como uma cadeia financeira que forneceu suporte racial por meio da oferta de crédito e capital para compra e construção de hotéis, lojas, igrejas, barbearias, cabarés, teatros, salões de cabeleireiro, funerárias e sinucas. Foi desse modo que se construiu uma elite profissional negra, que em 1920 era representada por 75 mil empresários negros.[15]

---

12 Pauline Hopkins, "Famous Women of the Negro Race" [Famosas da Raça], *The Colored American Magazine*, maio 1902, pp. 41-42.

13 Schomburg Center for Research in Black Culture, "Professional Elite" [Elite professional], *The Great Migration*. Disponível em: <www.inmotionaame.org/gallery/detail.cfm?migration=8&topic=99&id=465415&type=image&metadata=show&page=10>.

14 Franklin Frazier, *Black Bourgeoisie* [Burguesia negra], 1997, p. 39.

15 Schomburg Center for Research in Black Culture, "Opportunities for New Business" [Oportunidades para novos negócios], *The Great Migration*. Disponível em: <www.inmotionaame.org/gallery/detail.cfm?migration=8&topic=99&id=465288&type=image&page=10>.

"OS PERIGOS DO NEGRO BRANCO"

Outro fator importante foi a Grande Migração Negra para o Norte. Se, até 1900, 90% dessa população vivia no Sul, nos anos subsequentes, a chegada em massa a cidades como Chicago e Nova York impactou significativamente o mercado de trabalho urbano negro. Apesar de boa parte das ocupações disponíveis voltarem-se aos trabalhos manuais, estima-se que 3% dos negros empregaram-se em cargos escriturários, tais como taquígrafos, secretários, escreventes, auxiliares administrativos etc. Já no Sul, escolas e empresas serão os principais espaços de empregabilidade. A Tabela 4 reúne as profissões desempenhadas por pessoas negras em 1900.

TABELA 4. População *Negro* com engajamento mínimo de dez anos em ocupações específicas, 1900

Ocupações	População *Negro* em números	Porcentagem da distribuição por ocupação	Total da porcentagem da coluna 2, pessoas com ocupações específicas
Estados Unidos: Todas as ocupações	3.992.337	100	—
Ocupações que dão emprego a no mínimo 10.000 *negros* em 1900	3.807.008	95,4	
Trabalhadores agrícolas	1.344.125	33,7	33,7
Fazendeiros, plantadores e capatazes	757.822	19,0	52,7
Trabalhadores (não especificados)	545.935	13,7	66,4
Empregados e garçons	465.734	11,7	78,1

Passadeiras e lavadeiras	220.104	5,5	83,6
Carroceiros, lenhadores, caminhoneiros etc.	67.585	1,7	85,3
Empregados de ferrovias com trens a vapor	55.327	1,4	86,7
Mineiros e pedreiros	36.561	0,9	87,6
Serradores e aplainadores de madeira	33.266	0,8	88,4
Porteiros e ajudantes (em lojas etc.)	28.977	0,7	89,1
Professores e profissionais em faculdades etc.	21.267	0,5	89,6
Carpinteiros e marceneiros	21.113	0,5	90,1
Fazendeiros e trabalhadores de produção de terebintina	20.744	0,5	90,6
Barbeiros e cabeleireiras	19.942	0,5	91,1
Enfermeiras e parteiras	19.431	0,5	91,6
Clérigo	15.528	0,4	92,0
Operários de fábricas de tabaco e cigarro	15.349	0,4	92,4

"OS PERIGOS DO NEGRO BRANCO"

Recepcionistas de hotéis	14.496	0,4	92,8
Pedreiro (pedra e tijolo)	14.386	0,4	93,2
Costureiras	12.569	0,3	93,5
Trabalhadores de ferro e aço	12.327	0,3	93,8
Costureiras profissionais	11.537	0,3	94,1
Zeladores e sacristãos	11.536	0,3	94,4
Governantas e mordomos	10.590	0,3	94,7
Pescador e catador de ostras	10.427	0,3	95,0
Oficiais de máquinas e foguistas (que não trabalham em locomotivas)	10.224	0,2	95,2
Ferreiros	10.100	0,2	95,4
Outras ocupações	185.329	4,6	100

Fonte: Tabela adaptada de "Negro Population at least 10 Years of Age Engaged in Specified Occupations, and Per Cent Distribution: 1900" [População negra com engajamento mínimo de 10 anos em ocupações específicas e a distribuição percentual: 1900], in Walter Willcox, "Distribution by Occupation" [Distribuição por ocupação], in *Negroes in the United States* [Negros nos Estados Unidos], Department of Commerce [Departamento do Comércio], Bureau of the Census [Departamento de Censo dos Estados Unidos], Washington Government Print Office [Imprensa Oficial do Governo de Washington], 1904, Tabela LXII, p. 57.

HISTÓRIA SOCIAL DA BELEZA NEGRA

Publicada em um boletim do Censo de 1904, os dados da Tabela 4 são úteis para observar a diversidade de trabalhos exercidos por pessoas negras e também colaboram para entender as duras condições de vida no mundo livre. Se considerarmos fazendeiros, agricultores, capatazes e demais trabalhadores agrícolas, mais da metade dos indivíduos concentra-se nessas atividades (52,7%).

Vemos a excepcionalidade que representava ser um membro das classes alta e média negras, conforme sugere a minoria de pessoas empregadas em profissões que prescindiam de alguma instrução ou especialização, tais como professor (0,5%) e clérigo (0,4%) — dois dentre os principais cargos que membros da pigmentocracia ocupavam. Ainda sobre a divisão do trabalho, embora em termos numéricos a classe média fosse bem mais representativa que a alta, ser parte dela também era uma exceção, conforme indica a porcentagem de carpinteiros, cabeleireiras, barbeiros e enfermeiras, que aglutinavam, cada um, apenas 0,5% de afro-americanos. Os mesmos baixos índices nas profissões de costureira (0,3%), oficial de máquinas e foguista (0,2%) e ferreiros (0,2%) convergem para as mesmas conclusões.

Em termos de articulações entre raça e imagem, a Tabela 4 também assinala o índice baixíssimo de afro-americanos empregados em profissões relacionadas ao trato direto com público, tais como porteiros e ajudantes (0,7%), recepcionistas de hotéis (0,4%) e governantas e mordomos (0,3%). Por outro lado, o exame da listagem, que também reforça a raridade da mobilidade social desse grupo, indica a persistência de seus membros em ocupações atreladas à imagem de trabalho servil, dentre elas agricultor (33,7%), empregados, garçons e garçonetes (11,7%), lavadeiras (5,5%), além dos 19% reunidos sob o genérico rótulo de "trabalhadores".[16]

---

16 "Distribution by Occupation", 1904, p. 152.

"OS PERIGOS DO NEGRO BRANCO"

"A Raça Negra tornou-se uma Raça de Mulatos"[17]

O ideal mulato era simultaneamente alimentado pelo racismo branco e pelo colorismo negro. Usado por afro-americanos para construir relações internas de classe, a significação da pele clara como símbolo de beleza, inteligência e modernidade[18] predominou na imprensa negra até os anos 1920, quando as concepções coloristas começam a ser questionadas por líderes negros, como Marcus Garvey, ativista do nacionalismo negro que se destacou por seu projeto de retorno à África.[19]

As representações das mulheres *Black* eram incongruentes com o projeto de feminilidade negra que a pigmentocracia disseminava. Refinadas, instruídas e sofisticadas, como é possível notar na fotografia "Specimen of Amtour Work" [Espécime da obra de Amtour], nomeada e produzida por W. W. Holland, que ensinava professores e líderes a escolherem boas imagens. Ouvintes atentos, os editores da *The Colored American Magazine* colocaram em prática os ensinamentos do fotógrafo. É o que se vê no primeiro número de 1902. Nele, ao lado de Harriet Tubman, homenageada na coluna "Famous Women of the Negro Race" [Famosas da Raça], estão três mulatas. Entre elas, a haitiana Srta. Theodora Holly, autora do livro *Haytian Girl* [Garota haitiana].[20]

Na mesma edição, leitoras e leitores conheciam Frances Wells e Olivia Hasaalum, duas senhoritas de Oregon. Bonitas e bem-vestidas, elas contrastavam com a imagem de Tubman, uma *Black* de pano na

---

17 Paulina Hopkins, *Contending Forces: A Romance Illustrative of Negro Life North and South* [Forças rivais: Um romance ilustrativo da vida negra no Norte e no Sul], Nova York, Oxford University Press, 1988 [1ª ed. 1900], p. 13.

18 Evelyn Nakano Glenn, *Shades of Difference: Why Skin Color Matters* [Os tons da diferença: Por que a cor de pele importa], 2009, pp. 166, 187.

19 Colin Grant. *Negro With a Hat: The Rise and Fall of Marcus Garvey* [Negro com um chapéu: A ascensão e queda de Marcus Garvey], 2008.

20 Pauline Hopkins, "Famous Women of the Negro Race, III Harriet Tubman" [Famosas da Raça, III Harriet Tubman], *The Colored American Magazine*, jan.-fev. 1902, p. 212.

cabeça e espingarda nas mãos. Apesar de o texto enaltecer sua "coragem", "força" e "heroísmo",[21] a justaposição de sua foto com as das moças reforçava as ideias de primitivismo de pessoas retintas e civilidade de mulatas.

Pauline Hopkins, autora do texto em homenagem a Harriet Tubman, era uma ativista bastante engajada na luta contra os "estigmas que degradavam a Raça".[22] Editora da *The Colored American Magazine*, foi pioneira da literatura afro-americana. No seu quarto romance, *Contending Forces* [Forças rivais], publicado em 1900, a autora adaptava as premissas eugenistas de aperfeiçoamento racial ao mundo negro. Pregava o casamento inter-racial e o clareamento de pele como proposta de afirmação e melhoramento de negritude, como no caso da personagem mestiça Dora Smith, considerada pela mãe uma mulher de *inteligência superior*.

Fundamentada no colorismo, Pauline acreditava que o progresso da Raça deveria ser cultural e biológico, o que torna seu pensamento emblemático da pigmentocracia. Essa perspectiva foi importante para embasar os projetos de reconstrução da feminilidade negra.

---

21 *Ibidem*.

22 Pauline Hopkins, *Contending Forces: A Romance Illustrative of Negro Life North and South* [Forças rivais: um romance ilustrativo da vida do negro no Norte e no Sul], 1988 [1ª ed. 1900], p. 13.

SEGUNDA PARTE
As nobres mulheres de cor

3.

"A MULHER DE COR HOJE"[1]

Na última década, alguma coisa além da vigilância e do controle das estatísticas tem acontecido na vida do negro norte-americano, e as três figuras que tradicionalmente conduzem a questão Negra têm um desafio em seu colo. O sociólogo, o filantropo e o líder da Raça não desconhecem o Novo Negro, mas estão devendo um acerto de contas com ele.

Alain Locke, *The New Negro*, 1925

O MOVIMENTO NOVO NEGRO

No começo do século XX, o debate sobre qual era a melhor forma de representar a Raça Negra ganhara mais força na imprensa afro-americana. Destaca-se nessa história o Movimento Novo Negro, que, construído por artistas, escritores e músicos do *Harlem Renaissance* [Renascimento do Harlem], como Alain Locke, Zora Neale Hurston, Langston Hughes e Countee Cullen, objetivava a formação de uma nova consciência racial por meio da reorientação do entendimento

---

1 Uma versão preliminar deste capítulo encontra-se em "Esculpindo a 'Nova Mulher Negra': feminilidade e respeitabilidade nos escritos de algumas representantes da Raça nos EUA (1895-1904)". *Cadernos Pagu*, 2013, n. 40, pp. 255-287. Disponível em: <www.doi.org/10.1590/S0104-83332013000100008>.

do negro como um *guru* da nova democracia na cultura estadunidense. Nas palavras de Alain Locke:

> Suas sombras [dos negros] têm sido maiores que sua personalidade [...]. Para muitas gerações na América, o Negro é "mais uma fórmula do que um ser humano", alguma coisa para ser "investigada, condenada ou defendida" [...], mas o tempo das *aunts, uncles* e *mammies* já se foi.[2]

Transcorrida nos contextos da Grande Migração Negra e da Primeira Guerra Mundial, essa efervescência cultural foi decisiva para estimular a formação de "líderes da Raça", autodefinição que aparece nos jornais e revistas com variações: "mulheres da Raça", "homens da Raça", "intelectuais da Raça". Frequente na imprensa negra, a presença de mulheres exercendo papéis de liderança foi algo que chamou a minha atenção. Considerando a visão hegemônica do mundo público como branco e masculino, passei a examinar os discursos que essas mulheres — em sua maioria, escritoras, oradoras e professoras — teciam para afirmar sua intelectualidade negra. Por meio da leitura de colunas, discursos, livros, partituras, peças teatrais, entendi que, nos debates sobre modernizar-se através da criação de novos hábitos e representações, a nova mulher negra foi uma figura central.

E quem era? Como se definia e o que se esperava dessa nova mulher negra? É o que procurei responder com a pesquisa em textos e fotografias da *The Voice of the Negro*, uma revista lançada na cidade de Geórgia, Atlanta, em janeiro de 1904, voltada aos debates sobre direito ao voto e à alta educação, religião, movimentos trabalhistas, arte e cultura. Direcionada aos afro-americanos, a publicação custava US$

---

2 Em sua pesquisa, K. Sue Jwell destaca estereótipos criados para reforçar a desvalorização de mulheres negras nos Estados Unidos. Entre eles, o da Mammy, a babá submissa de crianças brancas, e da Aunt Jemima, a cozinheira obesa, obediente e dócil, que serve aos patrões. Já o idoso cordato e passivo foi consagrado no romance *A cabana do Pai Tomás*, de Harriet Beecher Stowe, publicado em 1852. Jewell K. Sue. *From Mammy To Miss America and Beyond: Cultural Images and the Shaping of US Social Policy*. Londres; Nova York, Routledge, 1993, p. 36.

"A MULHER DE COR HOJE"

0,10, com tiragem de 15 mil exemplares. A edição de julho, apresentada como "número especial", despertou minha atenção, pois contava com sete textos de autoria feminina: "Negro Womanhood Defended"[3] [Feminilidade negra defendida]; "The Social Status of the Negro Woman" [O status social da mulher negra]; "Social Improvment of the Plantation Colored Woman" [Melhoramento social das mulheres de cor da *plantation*] (anunciadas na capa), além dos artigos "The Progress of Colored Women" [O progresso das mulheres de cor]; "What Has Education Done for Colored Women?" [O que a educação fez pela mulher de cor?], "Not Color But Character" [Não cor, mas caráter].[4]

"ABENÇOADAS"

Parecia ser muito importante para a revista que as mulheres da Raça fossem apresentadas ao público com pompa e circunstância. Sra. Josephine Silone Yates, por exemplo, foi descrita como "a mais importante professora da escola para Negros no oeste do rio Mississipi". A projeção da intelectual — também presidenta da Associação Nacional de Mulheres de Cor e professora de Inglês e História no Lincoln Institute — era tamanha que os editores do *Indiana World*, um jornal branco de grande circulação, também a biografaram. O *The Voice of the Negro* não deixou por menos e ressaltou os feitos de Josephine: "uma das mais importantes mulheres da sua raça [...] graduada com honras na New Port High School. Oradora de sua classe, ela foi a única aluna de cor a receber habilitação para ensinar nas escolas públicas de New Port [*sic*]".[5]

---

3 Na tradução literal para o português, *womanhood* significa *mulheridade*, mas considerando o contexto histórico, marcado pelo movimento político de expansão dos sentidos de *feminino* conduzido por afro-americanas, à luz das suas experiências de gênero e raça, decidi traduzir a palavra como *feminilidade*.

4 *The Voice of the Negro — Our Woman's Number*, julho, 1904.

5 "Ours Women Contributors" [Contribuições das nossas mulheres], *The Voice of the Negro: Our Woman's Number*, julho, 1904.

HISTÓRIA SOCIAL DA BELEZA NEGRA

Profissional de prestígio, educada, inteligente, organizada e enaltecida também no mundo branco, a nobre senhora representava muito bem a nova mulher negra. Outra também motivo de orgulho era a Sra. Booker T. Washington. Graduada na Fisk University, trabalhou como professora no Tuskegee Institute, a famosa escola técnica transformada em universidade e criada por seu marido, o Dr. Booker T. Washington, no Alabama. Decana do Departamento de Mulheres, professora de Literatura e diretora do departamento de educação industrial para mulheres de cor que a instituição possuía, a educadora, "quase tão famosa quanto seu ilustre esposo", era reconhecida como uma intelectual pública que lutava pelo aperfeiçoamento das mulheres.

Em "Negro Womanhood Defended", Addie Hunton lembrava que o "demônio hidra de muitas cabeças", conhecido como "problema da Raça" ou "problema Negro", tinha deixado como um dos maiores legados a noção de fraqueza moral da feminilidade negra. Escrevendo de Atlanta, a líder denunciava que as mulheres negras eram alvo de imerecidas críticas.[6] A injustiça, dizia ela, era muito antiga. Datava dos tempos de Adão, quando começaram a ser responsabilizadas pelas fraquezas da raça. Ao considerar as feridas e os sangramentos da alma que as mulheres negras carregavam, Addie questionava: "de onde vinham as ideias sobre a imoralidade da mulher negra"?

Ao julgar tais comentários injustos e superficiais, ela definia a si e a seu grupo como a "força motriz" para as realizações da Raça. Esse trabalho que também foi feito pela professora Yates, em seu segundo texto, no qual discutia a importância da The National Association of Colored Women [Associação Nacional das Mulheres de Cor].[7] Uma organização nacional de "mulheres negras educadas", "voltadas para o aprimoramento da raça" e com estrutura composta por clubes, grupos, ligas e comitês por todo país. Fundada na cidade de Washington em 1896, um dos seus objetivos era "assegurar a harmonia de ação e

---

6 Sra. Addie Hunton, "Negro Womanhood Defended" [Feminilidade negra defendida], *The Voice of the Negro*, julho, 1904.

7 Sra. Josephine Silone-Yates, "The National Association of Colored Women" [A Associação Nacional das Mulheres de Cor], in *The Voice of the Negro*, julho, 1904.

"A MULHER DE COR HOJE"

cooperação entre todas as mulheres engajadas na elevação do lar, da moral e dos direitos da vida". Entre 1896 e 1904, a associação realizou quatro conferências "para acompanhar o trabalho e o desenvolvimento da mulher afro-americana".

A valorização da inteligência, do compromisso e da capacidade de liderança de mulheres negras é marcante em todos os textos — que articulam protagonismo feminino e "desenvolvimento negro" —, contrapondo-se, através da escrita, às desigualdades de gênero. A Sra. Addie Hunton lembra que:

> Ela [a mulher negra] ajudou a acumular propriedade, real e pessoal, que vale mais de US$ 700.000.000. Ajudou a levantar aproximadamente US$ 14.000 para educação de suas crianças. Ela educou mais de 25.000 professoras de sua própria raça, e isso tudo foi feito em menos de meio século, à revelia de sua complicada posição.[8]

Assim como na cidade, as mulheres de cor da *plantation* também tinham uma mensagem a transmitir no Sul, dilacerado pela segregação racial. No Alabama, a Sra. Margareth Booker T. Washington — nomeada apenas por seu sobrenome de casada pela *The Voice of the Negro* — comentava com empolgação sobre as vantagens da educação para as agricultoras de cor. Se há quarenta anos eram vistas como "mulas" e "pouco mais queridas que um cavalo", com o advento da Nova República e das conferências semanais de agricultoras, as mulheres escravizadas de ontem trilhavam os caminhos da vitória "melhorando a condição social" e a "relação com a família". Em suas pequenas fazendas, produziam grãos, vegetais e dedicavam-se inteiramente ao cuidado das crianças.[9]

---

8 Sra. Addie Hunton, "Negro Womanhood Defended" [Feminilidade negra defendida], *The Voice of the Negro*, julho, 1904.

9 Sra. Booker T. Washington, "Social Improvment of the Plantation Woman" [Melhoramento social da mulher da *plantation*], *The Voice of the Negro*, julho, 1904.

HISTÓRIA SOCIAL DA BELEZA NEGRA

De acordo com a educadora, a conciliação entre os mundos público e privado devia-se a um fator: "sua alma [das mulheres de cor], tão branca e limpa quanto à das suas mais justas irmãs".[10] Lida no seu tempo, a frase ajuda a entender como afro-americanos apropriaram--se das noções de feminilidade universal, normatizada como branca, para construir afirmação e orgulho raciais entre mulheres da Raça. Donas da mente "mais pura e verdadeira", trabalhadoras rurais deixaram para trás os grilhões que aprisionavam corpo, mente e alma. Estavam prontas para a mesma missão que suas irmãs de cor da cidade: "desenvolver a casa e a família, solucionando assim o chamado problema da Raça".

Já a ativista Mary Terrell focava no verdadeiro *milagre*: o progresso intelectual da mulher de cor. Nas escolas, nas universidades, nos comércios, nas igrejas, nas instituições de caridade, a comunidade negra contava com "heroínas que sacrificavam sua vida pela Raça". Assim como as demais, a escritora colocava afro-americanas em pé de igualdade intelectual com brancas, registrando sua percepção sobre as consequências do racismo para as primeiras: as mulheres de cor eram desencorajadas a galgar melhores oportunidades. Mesmo assim, não se intimidaram! "Bateram às portas da Justiça e pediram uma chance de equidade", que souberam aproveitar, tornando-se responsáveis pelo refinamento e pureza em que se encontravam os lares de cor do país.[11]

Da Louisiana, Sylvanie Williams registrava suas impressões sobre as mulheres negras locais, as quais considerava representantes engajadas na propagação de uma "doutrina da integridade racial". Outra vez, a noção de feminino universal branco é utilizada para tratar especificamente das afro-americanas. Símbolos de uma "feminilidade leal e diligente" e de uma "fé forte, corajosa e brava", as nobres mulhe-

---

10 No Sul, as igrejas foram apropriadas por mulheres negras como sua esfera pública, "o único espaço verdadeiramente acessível à sua comunidade no pós-Reconstrução". Evelyn Brooks Higginbotham, *Righteous of Discontent: The Women's Movement in the Black Baptist Church* [O justo descontentamento: o movimento de mulheres dentro das igrejas batistas negras], 1994.

11 Sra. Mary Church Terrell, "The Progress of Colored Women" [O progresso das mulheres de cor], *The Voice of the Negro*, julho, 1904.

"A MULHER DE COR HOJE"

res de cor provavam o progresso moral por meio de "famílias com seis e sete crianças de um mesmo pai" e pela celebração de muitos casamentos entre os mais *pobres* da Raça. Esses fatos depunham contra os ultrajes de um tal Charles Booth, sociólogo, que, em um de seus relatórios, afirmava ser "difícil conceber as virtudes da mulher negra". Questionando a ideia da raça homogênea, a ativista assinala: a imoralidade do negro existiria, mas apenas entre pauperizados e brutalizados. Em seu texto, a mulher da Raça emergia como protagonista: "um dia quando os homens e crianças da Raça ascenderem todos a chamarão de 'abençoada'".[12]

Também compõe o notável grupo de pensadoras, Josephine Bruce, comprometida em destacar a classe educada de negros, praticantes das "mais altas virtudes" na cidade de Farmville. Ela destacava que no Sul, em cidades como Calumet, a situação da população de cor era patética, pois, devido à falta de facilidades educacionais, 70% desse segmento eram iletrado. Já a cidade de Saint Louis era motivo de orgulho por produzir uma classe de negros instruídos da qual sobressaíam professoras que "elevavam o padrão moral de sua comunidade". A despeito do fato dos problemas de criminalidade, saneamento e pobreza ainda não terem sido "totalmente solucionados", as mulheres de cor educadas — responsáveis pela boa casa, boa moral e boa sociedade — mereciam ser parabenizadas. Graças a "um sem-número delas [...] os resultados do melhoramento da comunidade" estavam vindo à tona.[13]

Como difusoras da pigmentocracia, Josephine Yates, Margaret Washington, Addie Hunton, Sylvanie Williams, Mary Terrell e Josephine Bruce representavam o *décimo talentoso feminino*.[14] Uma pe-

---

12 Sra. Sylvanie Francoz Williams, "The Social Status of the Negro Woman" [O *status* social da mulher negra], *The Voice of the Negro*, julho, 1904, p. 300.

13 Sra. Josephine B. Bruce, "What Has Education Done for Colored Women?" [O que a educação fez pelas mulheres negras?], *The Voice of the Negro*, julho, 1904.

14 *Décimo talentoso* (Talented Tenth) é a categoria criada por William E. B. Du Bois para assinalar o papel de liderança que homens afro-americanos com instrução e capital econômico, profissionais liberais e empresários, devem assumir no projeto de melhoramento da

HISTÓRIA SOCIAL DA BELEZA NEGRA

quena elite de mulheres negras, com elevado grau de instrução, que construiu sentidos positivos sobre a feminilidade negra em clubes femininos, jardins de infância, escolas, universidades, jornais e em casa. Espaços nos quais debatiam a situação do negro, promoviam arte, música, literatura e ciência doméstica, e afirmaram-se como "uma das maiores forças do século na solução dos problemas da Raça".[15]

"O LUGAR MAIS FELIZ DA TERRA"

As preocupações com as imagens pública e privada, com a aparência e o espírito, estiveram muito presentes no pensamento de outras intelectuais negras, como Katherine Tillman. A jovem, escritora e poeta, afirmava a importância de suas irmãs valorizarem o trabalho doméstico. Afinal, como a casa era um dos maiores bens que a Cristandade deixara à comunidade negra era importante garantir que fosse o "lugar mais feliz da Terra":

> Vamos nós, como afro-americanas, prometer-nos a elevação de nosso lar. Lutar contra a intemperança, a infidelidade, os jogos em salões, a literatura ruim e a imoralidade de todos os tipos, pois esses são os demônios que destroem nossa casa. Vamos nos engajar na propaganda de Cristo e ajudar a dominar

---

Raça Negra. Em uma releitura baseada na perspectiva feminista negra, a historiadora Evelyn Higginbotham-Brooks expande a categoria do sociólogo para analisar o protagonismo que mulheres "da Raça" — escritoras, professoras, líderes espirituais, empresárias —, desempenham como um *décimo talentoso feminino* (*Female Talented Tenth*), fundamental para defesa e desenvolvimento educacional, político e econômico da comunidade afro-americana. Ver: W. E. B. Du Bois. *The Negro Problem: A Series of Articles by Representative American Negroes of Today* [O problema do negro: Uma série de artigos de negros norte-americanos representativos hoje]. Nova York: James Pott and Co., 1903; Evelyn Brooks-Higginbotham. *Righteous Discontent: The Women's Movement in the Black Baptist Church, 1880-1920* [Descontentamento justo: O movimento de mulheres em igrejas batistas negras, 1880-1920]. Cambridge, MA: Harvard UP, 1993.

15 Hunton, "Negro Womanhood Defended" [Feminilidade negra defendida], p. 282.

"A MULHER DE COR HOJE"

esses demônios. O mundo precisa de nossos esforços e vamos sair em Seu nome para conquistar.[16]

As intelectuais afro-americanas fizeram um uso muito criativo, audacioso e radical do modelo feminino hegemônico, adaptando-o às suas experiências femininas negras em diferentes campos, como: família, educação, trabalho, religião, saúde e política. Em tempos de Jim Crow, quando "a sociedade branca via a mulher negra como promíscua, não merecedora de proteção contra insultos e até mesmo de proteção contra o estupro",[17] elas lutaram por um tratamento equivalente ao das brancas, questionando os discursos da imoralidade negra nata. Claro que isso também tinha seu lado conservador, expresso em críticas e adjetivações àquelas "sem sucesso",[18] que não se adequassem a tais valores.

Essa luta de afro-americanas contribuiu para problematizar a visão dominante de que casa, família, casamento e educação representam exclusivamente uma cultura branca. Em vez dessa visão estereotipada, torna-se possível examinar como tais mulheres adequaram suas experiências de gênero e família ao mundo livre, por meio da construção de projetos públicos e privados coerentes com sua história. Nas palavras da socióloga contemporânea Patricia Hill Collins:[19]

---

16 Katherine Tillman, "Afro-American Women and Their Work" [Mulheres afro--americanas e o seu trabalho], in Gates Jr.; Jarrett, *The New Negro: Reading on Race, Representation, and African American* Culture [O novo negro: Leitura sobre raça, representação e cultura afro--americana], 2007, p. 286.

17 *Ibidem*, p. 100.

18 Ao olhar a interação entre afro-americanos de diferentes classes na cidade de Detroit entre 1914 e 1945, Victoria Wolcott reforça a importância de estudar os migrantes *sem sucesso*, abandonados pela história: "prostitutas, apostadores e artistas populares transformaram a Detroit negra tanto quanto líderes de clubes, fundadores de igrejas e ativistas sociais. A despeito da luta por empregos, alguns permaneceram pobres; já outros atingiram significativa mobilidade social". Victoria W. Wolcott. *Remaking Respectability: African American Women in Interwar Detroit* [Refazendo a respeitabilidade: Mulheres afro-americanas na Detroit entreguerras], 2001, p. 3.

19 Patricia Hill Collins (1948) é socióloga e professora na Universidade de Maryland. Seu trabalho *Pensamento feminista negro: Conhecimento, consciência e a política do empodera-*

Dois elementos do ideal da família são especialmente problemáticos para as mulheres afro-americanas. Primeiro, a divisão presumida entre a esfera "pública" do emprego remunerado e a esfera "privada" das responsabilidades familiares não remuneradas nunca se aplicou a elas. Sob a escravidão, as mulheres negras estadunidenses trabalhavam sem remuneração na esfera supostamente pública da agricultura do Sul do país e tinham sua privacidade familiar diariamente violada. Em segundo lugar, o par público/privado que separa o lar familiar do mercado de trabalho remunerado é fundamental para explicar a ideologia de gênero nos Estados Unidos. Se partíssemos do princípio de que homens de verdade trabalham e mulheres de verdade cuidam da família, então os afro-americanos sofreriam de ideias deficientes em relação a gênero. Em particular, as mulheres negras se tornariam menos "femininas" porque trabalham fora de casa, são remuneradas — e, portanto, competem com os homens — e porque seu trabalho as obriga a ficar longe dos filhos.[20]

Enfim, a nova mulher negra

Agora que já conhecemos o pensamento das líderes da Raça, trago uma história bonita e curiosa sobre a nova mulher negra. Veiculada em agosto de 1904, na edição seguinte à que analisamos, a *The Colored American Magazine* achou por bem dar continuidade ao debate sobre feminilidade negra. Para isso, convidou John Adams Jr., professor de Artes do Morris Brown College, para desenhar o protótipo de Gussie.

---

mento destaca-se como obra de referência para o estudo da genealogia da intelectualidade de mulheres negras, caracterizada pela autora por meio de elementos centrais, como o diálogo, a ética do cuidar e a experiência vivida como critério de significado. Suas perspectivas baseadas nas articulações entre saberes da experiência, ciência, ativismo e na assunção do compromisso de intelectuais negras com a produção de novas teorias de conhecimento, assim como nossa amizade, são grande fonte de inspiração acadêmica e pessoal.

20 Patricia Hill Collins, *Pensamento feminista negro: Conhecimento, consciência e a política do empoderamento*, São Paulo: Boitempo, 2019.

"A MULHER DE COR HOJE"

Uma mulher esbelta, compenetrada e elegante, descrita como "admiradora da Arte Fina; artista de piano e violino; doce cantora, escritora mais voltada para os ensaios; amante dos bons livros e dona de casa".[21]

As semelhanças entre Gussie e a fotografia de Srta. Alexander com toda sua "boa graça", publicada em 1901, acrescida da narrativa de Adams Jr. sobre a "feminilidade verdadeira" ajuda-nos a conhecer melhor a nova mulher negra:

> Olhe para ela, mundo! e, você verá, não há ninguém melhor, eu juro! Se não houver ninguém mais puro, mais nobre, que tenha marcado preeminência no semblante do homem, da mulher, da criança, que lance suas brilhantes armas, bainhas e armaduras aos pés imaculados dela e use da própria vida que usufruiu para defendê-la. Considerem-na, nações! Meçam-na com os padrões da perfeição humana. Meçam-na com as mesmas escalas que são empregadas para medir rainhas, filhas e esposas dos homens nobres. E, depois de encerrado o teste da busca por seus méritos verdadeiros, ela será reconhecida não apenas pela beleza física, não apenas pelo encanto intelectual, mas pela energia moral, pela pureza do coração, pela morada do propósito e pela profunda consciência da verdadeira feminilidade, a mesma que a das irmãs brancas ou vermelhas, ou das irmãs cor de oliva. E, então, deixem que todos os homens que tenham no sangue a unidade eterna da fraternidade estadunidense, homens cujas tradições retrocedem dois séculos e meio de escravidão cruel e, pior, de ignorância forçada; eu digo, que todos os homens, mesmo aqueles que não são um de nós, homens que amam as mulheres pela causa das mulheres, que lancem sua própria vida a ventos incertos quando a honra dela estiver em jogo.[22]

---

21 John H. Adams Jr., "Rough Sketches: A Study of the Features of the New Negro Women" [Esboços: Um estudo das qualidades da nova mulher negra], *The Voice of the Negro*, agosto 1904.

22 *Ibidem*, p. 171.

HISTORIA SOCIAL DA BELEZA NEGRA

Sublime, superior e encantada. Dona da absoluta "perfeição humana", uma "rainha" que tinha de volta tudo o que a escravidão havia lhe roubado: a energia moral, a pureza do coração e a profunda consciência da "verdadeira feminilidade", um tesouro, enfim, a ser preservado.

Com passado associado a histórias de violência, trabalho escravizado e separações, sua condição transitava entre o novo e o velho, o que tornava necessário devolver-lhe o respeito. Ainda que as ideias hegemônicas da feminilidade (os papéis tradicionais de mãe, esposa, dona de casa) fossem incompatíveis com a realidade de vida da maioria das mulheres negras,[23] no texto de Adams Jr., tais ideais eram acionados para combater a "feminilidade deficiente", pois, como advertia Nannie Burroughs, "refinamento e caráter não eram restritos à mulher branca".

A feminilidade "verdadeira", com suas noções de pureza, piedade, submissão e domesticidade brancas, foi enegrecida pelas intelectuais afro-americanas que se equiparavam às suas "irmãs" brancas como estratégia para reconstrução da feminilidade negra. Eram novos tempos, nos quais uma nova figura desabrochava:

> Nós apresentamos a mulher de cor hoje do jeito que ela se expressa no mundo, como um fator crescente para o bem e, em sua beleza, inteligência e caráter, por melhor reconhecimento social. Aqui ela está em pose típica, cheia de vigor, generosa em afeição, doce em emoção e forte em todas as atribuições da mente e da alma.[24]

---

23 Hazel Carby, "White Woman Listen! Black Feminism and the Boundaries of Sisterhood" [Mulheres brancas, ouçam! Feminismo negro e os laços da sororidade], in Carby, *Cultures in Babylon: Black Britain and African* [Culturas na Babilônia: Grã-Bretanha negra e africana], Verso, 1999, pp. 63-92.

24 Adams Jr., "Rough Sketches...", p. 171.

TERCEIRA PARTE

Mulher Maravilha da Raça, e suas versões

4.

"O MARAVILHOSO CLAREADOR DE PELE"

"A Nova Cultura da Beleza": cosmética branca e eugenia

Se durante os oitocentos nos Estados Unidos, artigos de toalete eram considerados "tóxicos", prejudiciais e associados a condutas femininas desviantes, na virada do século, uma nova história focada na mulher esposa, mãe e consumidora começa a ser escrita. O surgimento da California Perfume Company, em 1886, é um ótimo exemplo. Com sistema de vendas de porta em porta, executado por senhoras e senhoritas, a empresa, que se tornaria a Avon, divulgava, comercializava e também ensinava suas clientes e revendedoras a utilizar seus produtos, alimentando a visão da beleza como um bem a ser conquistado, em vez de um atributo natural. Já entre 1900 e 1920, nascem marcas como a Pond's, a Palmolive e a Lux nos Estados Unidos, a Bourjois na França e a Empresa Feminina no Brasil. Inseridas num contexto de emergência do capitalismo industrial, essas empresas afirmavam-se portadoras de uma "mensagem da nova beleza".[1] Conectada às teorias eugenistas,[2] a nova beleza fundamentava-se em

---

1 *Pond's — A Message of New Beauty* [Pond's — uma mensagem da nova beleza], 1906.

2 Criado pelo inglês Francis Galton (1822-1911), o conceito de *eugenia* defende a ideia de um aperfeiçoamento genético da raça humana, por meio da segregação, eliminação e estelirização

HISTÓRIA SOCIAL DA BELEZA NEGRA

noções de pureza, naturalidade e saúde perfeita, retratada em imagens femininas fantasmagóricas, que representavam o aperfeiçoamento da raça branca e a limpeza profunda dos corpos:

> para ser bonita a pele deve ser *vibrante*, com saúde; sua respiração deve ser completa e natural. [A pele deve] desfrutar de uma limpeza profunda e constante, os poros devem ser desobstruídos para que as glândulas oleosas possam ser saudavelmente ativadas para realizarem seu trabalho.[3]

Ainda sobre o que é ser bonita, em famosa campanha, a Palmolive explica: "a jovem com pele clara, suave e radiante com frescor e cor naturais".[4] Conhecida como a *school girl complexion*, a propaganda assinalava o "charme de uma compleição perfeita e natural" em texto que se soma a outros como "A Nova Cultura da Beleza":

> **Extrato de Sabão Pond's — A Nova Cultura da Beleza**
>
> Emoções da pele — aberta, purificada e limpa. Fabricado pela Pond's Extract [o sabonete], vai fundo em cada poro, agindo como um estímulo instantâneo para os nervos e vasos sanguíneos subjacentes, alivia e cura delicadamente todas as irritações.[5]

---

de grupos considerados *inferiores* no processo evolutivo. Inicialmente tratada na Europa como uma orientação das ciências biológicas, rapidamente assumiu o *status* de teoria com reflexos na organização social. A eugenia, muito influenciada pela teoria oitocentista psicológica da degenerescência humana, norteou o pensamento de médicos, como o italiano Cesare Lombroso — e sua teoria dos tipos criminosos natos — e o alemão Rudolph Virchow (um dos expoentes do movimento de higiene racial em seu país e responsável por treinar vários médicos estadunidenses dentro dessa perspectiva. Ver, dentre outros, Elof Carlson, "Scientific Origins of Eugenics" [Origens científicas da eugenia]. <www.eugenicsarchive.org/eugenics/list2.pl>.

3 *Pond's — To Be Beautiful — A New Beauty Culture* [Pond's — Para ser bela — uma nova cultura da beleza], 1907. Grifos do original.

4 "Melhor do que joias — aquela tez de colegial", propaganda da Palmolive, 1922.

5 *Pond's — To Be Beautiful — A New Beauty Culture*, 1907.

"O MARAVILHOSO CLAREADOR DE PELE"

Vibrante, iluminada, límpida, brilhosa, clara, aberta, purificada. Ao normatizar a brancura como padrão universal, referência de limpeza, urbanidade e progresso, a indústria da beleza, com sua publicidade, será um dos principais espaços de popularização da eugenia e dos valores supremacistas brancos. Em contraposição, o mercado, através das propagandas, associará imagens de pessoas negras e indígenas a produtos do trabalho doméstico (farinhas, detergentes, óleos) e ao consumo de álcool. Como nos casos do sabão em pó Gold Dust Twins, "os gêmeos certos para a limpeza". Do rum Negrita, segurado alegremente por uma mulher negra retinta. Da farinha Aunt Jemima, embalada no "pacote do futuro". Do casal indígena de pele rosada do grapefruit. E do indígena apache, que, retratado sem dentes na propaganda, segurava uma deliciosa maçã, anunciando o pão de maçã da Skookum Packers Association. Ou ainda, do Beauties of All Races, a "beleza de todas as raças"; o anúncio de pasta de dente da Pepsodent, com a presença das "raças do futuro", ilustradas por quatro mulheres: "as virgens do Japão, as belas da Índia, as senhoras inglesas e as beldades espanholas" em trajes caricaturados: quimono, véu, recato e leque, respectivamente.

Viajar no tempo conhecendo batons, perfumes, *blushes*, pós faciais — "influências físicas positivas para a compleição" — foi uma tremenda experiência. Apresentada a nova beleza, é tempo de ver como a comunidade negra reinventou o pressuposto de que "a beleza começa com a pele".[6]

---

6 *Marie Barlow — Beauty Begins With the Skin* [Marie Barlow — a beleza começa com a pele], 1929.

"Conselhos de Beleza para Compleições Escuras"

> ### Conselhos de Beleza para Compleição Escura
>
> Se você quer ser respeitada, admirada e amada por todo mundo, certifique-se de que tem uma compleição bonita, livre de marcas e manchas e um cabelo macio e devidamente penteado. Seu melhor amigo é seu visual. Aqui está [a orientação de] como mantê-lo:
>
> PARA BRANQUEAR A PELE — não importa quão escura é sua compleição, de forma simples e fácil você usará somente a *pomada Dr. Fred Palmer's Skin Whitener* — [ilegível] [sua] descoloração rápida garante o uso perfeitamente seguro e prazeroso. [Adquira] no seu farmacêutico ou mediante envio de cupom pago no valor de US$ 0,25.
>
> COMPLEIÇÕES OLEOSAS, BRILHANTES, DEFEITUOSAS — logo dão lugar a uma pele macia, suave e aveludada depois de usar sabão Dr. Fred Palmer's Skin Whitener seguido de sua pomada facial, delicadamente perfumada. Tente isso e assista à melhora de sua pele. [Adquira] no seu farmacêutico ou mediante envio de cupom pago no valor de US$ 0,25.
>
> VOCÊ DEVE TER UM CABELO SUAVE E EXUBERANTE — e a melhor e mais segura maneira de conseguir isso é usando o Dr. Fred Palmer's Hairdresser — ele deixa [?] o cabelo liso, promove seu crescimento e limpa o couro cabeludo. [Adquira] no seu farmacêutico ou mediante envio de cupom pago no valor de US$ 0,25.[7]

---

7 Dr. Fred Palmer's Laboratories, "Beauty Aids for Dark Complexions" [Conselhos de beleza para compleições escuras], *The New York Amsterdam News*, 13 de dezembro de 1922, p 9. Grifos do original.

"O MARAVILHOSO CLAREADOR DE PELE"

Se você fosse uma afro-americana nos Estados Unidos nas primeiras décadas do século XX, ficaria perdida com a quantidade de opções para cuidar da pele *escura* e da *carapinha* (*nap hair*). Cremes, sabonetes, xampus, talcos e artigos de toalete compunham, em frascos e rótulos variados, a história da luta pelo direito ao autocuidado, escrita nas penteadeiras de mulheres negras. Em um mundo violento e com oportunidades limitadas, ter em casa um espelho, água para se lavar e um frasco de perfume para se curtir no final de um dia com extenuantes jornadas de dezoito a vinte horas de trabalho representou, para muitas, uma prazeirosa revolução pessoal.

Predominantes na publicidade de jornais negros, como *The New York Amsterdam News* e *The Chicago Defender*, que, nos anos 1920, tinham tiragem entre 100 mil e 300 mil exemplares, propagandas da indústria cosmética impactaram padrões de consumo. Mas, principalmente, concepções sobre beleza, raça e cuidado na comunidade negra, que construiu uma *cultura da pele* (*skin culture*) baseada em narrativas de acolhimento e enaltecimento das mulheres de cor: "senhoras parem e considerem",[8] "muitas mulheres de todas as idades",[9] "para a alegria das nossas mulheres em casa",[10] "invejada pelas mulheres",[11] "glorificando nossa feminilidade".[12]

Com o aperto diário das leis segregacionistas, glorificar a feminilidade também passava por fabricar, divulgar e consumir clareadores de pele. Uma febre na imprensa negra de 1900 a 1920, os clareadores, ou *bleachings*, que custavam em média de US$ 0,25 e US$ 0,50, podem ter sido usados por muitas pessoas como uma alternativa para se manterem vivas e seguras. Isso faz sentido, considerando os lincha-

---

8 Rilas Gathright, "Whitener Imperial" [Branqueador imperial], *The Colored American Magazine*, novembro de 1901, p. 79.

9 "Walker System", *The Messenger*, janeiro de 1918, p. 36.

10 *Ibidem.*

11 "Glorifying our Womanhood" [Glorificando nossa feminilidade], *The Messenger*, maio de 1925, p. 212.

12 *Ibidem.*

mentos e as barreiras em situações corriqueiras sob as normas do Jim Crow, como beber água, usar um banheiro público ou tomar um café — sem contar estudar, ir ao médico e alugar uma casa.

Em levantamento nas cidades de Chicago e Nova York nos anos 1930, estima-se a existência de mais de 232 *bleachings*. Baseados nas associações entre pele clara, gentileza, juventude, mobilidade social,[13] os produtos — anunciados ao lado de notícias sobre as realizações de estudantes, datilógrafas, estilistas, professoras, fazendeiras, donas de casa, oradoras, líderes sociais e enfermeiras — foram significados como subsídios que estimulavam o progresso das pessoas de cor por meio do investimento em "melhorar a aparência". Um negócio do qual surgiram empresários como Anthony Overton, proprietário da Overton Hygienic Company, criada no Kansas em 1898, com o "modesto investimento de US$ 1.960,00".[14]

Em 1916, a empresa realiza uma Convenção Nacional, noticiada pela *The Half-Century Magazine* como o evento da "maior companhia de pessoas de cor do país"[15]. Químico e presidente da instituição, Anthony Overton era um homem *Mulatto* que construiu uma narrativa publicitária na qual o anúncio de seus produtos dava-se pela narração de fatos e feitos históricos da Raça Negra, "traduzidos de outras línguas". Como se vê na *Encyclopedia of Colored People* [Enciclopédia das pessoas de cor], um catálogo no qual tais feitos e fatos articulam-se ao anúncio de diversos produtos.

Vendido por US$ 0,50, o impresso apresentava os 153 produtos manufaturados na própria fábrica: talcos, perfumes, charutos, *blushes*

---

13 Dados levantados por Thompson, citado por Evelyn Glenn Nano, "Yearning for Lightness: transnational circuits in the marketing and consumption of skin lighteners" [Desejando a leveza: Os circuitos transnacionais no comércio e consumo de claredores de pele], in Joan Z. Spade; Catherine G. Valentine (orgs.), *The Kaleidoscope of Gender: Prisms, Patterns and Possibilities* [O caleidoscópio do gênero: Prisma, padrões e possibilidades], 2011, pp. 238-251.

14 *Encyclopedia of Colored People and Other Useful Information* [Enciclopédia das pessoas de cor e outras informações úteis], The Overton Hygienic Company, 1922.

15 "A Salesmen's Convention" [Convenção dos representantes de venda], *The Half-Century Magazine*, setembro de 1916, p. 10.

"O MARAVILHOSO CLAREADOR DE PELE"

e cremes faciais, com destaque para o High-Brown Face Bleach, um pó destinado às pessoas que buscavam um "clareamento efetivo da pele". Chamava a atenção que, diferentemente de outras concorrentes, que só "usavam tinta preta e branca no rótulo", por considerar um investimento de bom tamanho "para negros",[16] suas embalagens caprichadas custavam US$ 0,25, sendo US$ 0,07 do lucro destinado ao vendedor. E, quanto aos cosméticos, havia o pacote completo. Assim, quem quisesse dar uma turbinada no clareamento poderia fazer uso do pó, ao lado de um sabonete e uma pomada — High-Brown Bleach Soap e High-Brown Bleach Ointment.

Overton assegurava que o mérito superior dos seus produtos justificava a existência de tantos imitadores. O empresário destacava em seus discursos o valor e a qualidade — em contraste com a ignorância e a desonestidade — como símbolos de inferioridade inexistentes em sua fábrica. "Operada exclusivamente por pessoas de cor [...] sem nenhum dólar branco", a companhia do Kansas empregava 125 pessoas nos anos 1920,[17] afirmando o compromisso de dar crédito à Raça, fornecendo empregos dignos e honrosos para "homens e mulheres, até que eles terminassem de se instruir".[18]

De maneira diferente da cosmética branca, restrita a fortalecer a cultura eugenista, a cosmética negra caracterizou-se pela articulação entre empreendedorismo e educação, cuidado físico e equidade social, como vemos nas companhias Overton, Madam C. J. Walker Manufacturing Co. e na Poro Hair Beauty. Foram empresas que possuíam suas próprias escolas de beleza (*beauty colleges*), voltadas a formar boas operadoras, que, por meio do estudo de métodos "esplêndidos" e pesquisas originais, poderiam aprender com *experts* em beleza o que as faculdades brancas não ensinavam: "as grandes diferenças da textura do cabelo e da pele" entre as "duas raças".

---

16 *Encyclopedia of Colored People and Other Useful Information* [Enciclopédia das pessoas de cor e outras informações úteis], The Overton Hygienic Company, 1922, p. 11.

17 *Ibidem*, p. 1.

18 *Ibidem*, pp. 1-3.

HISTÓRIA SOCIAL DA BELEZA NEGRA

O projeto de formar cosmetologistas para obtenção de reconhecimento direto e muito dinheiro[19] também era compartilhado por Madame Alice H. Thomas-Mason. Diplomada pela Escola de Beleza Burnham, a empresária, em 1912, oferecia um curso de dez semanas a US$ 10 na Thomas School Beauty Culture. Localizada em Chicago, a escola ministrava lições para manipular cremes de tratamento para o rosto e para a pele. Em suas palavras, a "aparência pessoal" era uma "alavanca para controlar o destino".[20]

"Para o sucesso da pele"

Convencidas dos princípios da Overton, que pregava a liberdade de consumidoras ("nós não estamos lhe pedindo para comprar [...] ou para experimentar a linha de artigos de toalete High-Brown [...] porque você é livre para fazer o que quiser"), as compradoras poderiam usar e "julgar" o High-Brown Face Powder. *Julgar* tinha uma conotação racial, pois significava comparar o produto aos fabricados pelos "brancos, imitadores", que "não sabiam nada acerca das propriedades químicas dos produtos da Overton". E, mesmo se soubessem, não se preocupariam com a qualidade de produtos para "uso exclusivo de pessoas de cor". Era importante alertar as clientes para se precaverem contra marcas como Silk-Brown, Dark-Brown, Black Folks e "todas as inimagináveis espécies de *brown*", de empresas brancas que vendiam "giz marrom", de qualidade duvidosa, preparado com perfumes baratos.[21]

Além de companhias brancas, Anthony Overton concorria com marcas afro-americanas, como a do Dr. Palmer, que anunciou por anos no *The Chicago Defender* a Skin-Success Ointment, uma pomada de fórmula original voltada para o "sucesso da pele" — sucesso com

---

19 *The Half-Century Magazine*, fevereiro de 1922, p. 11.

20 *The Crisis*, dezembro de 1913, p. 94.

21 *Encyclopedia of Colored People*, 1922.

"O MARAVILHOSO CLAREADOR DE PELE"

sentido associado a "branquear a compleição". Comparando as duas propagandas — High-Brown e Skin Success —, identifico diferentes discursos. Ainda que as duas empresas defendessem o clareamento, a Overton definia o sucesso como *brown*, em "harmonia" com a "compleição" de cor. Já a Dr. Palmer defendia que, para alcançar prestígio, era preciso uma transformação radical: branquear o físico negro. O discurso de "harmonia" da Overton sugere maior sinceridade, ao estilo do anúncio de outro fabricante, o Golden Brown Bleaching: "nós não vamos branquear sua pele, pois isto não é possível", mas podemos ajudar tornando sua "compleição macia, iluminada e suave".[22]

Nessa caçada a consumidoras de compleições escuras, destacavam-se também duas prestigiosas mulheres da Raça. Madam C. J. Walker, dona da empresa que levava seu nome, e Annie Minerva Turnbo Malone, proprietária do Poro Hair & Beauty Culture, em Indianápolis. Esta última, em seu catálogo, anunciava o Poro Skin and Scalp Soap (Sabonete para Cabelo e Corpo), um artigo indicado para "limpar a pele e manter a compleição clara e fresca". Já no caso de Walker, não encontrei evidências sobre a fabricação de produtos para alterar a compleição até 1918, quando, após sua morte, a empresa começou a vender itens faciais que prometiam uma "compleição adorável" e uma pele "fresca", "suave" e "atraente". Até então a Madam C. J. Walker Manufacturing Company anunciava exclusivamente as "loções da Madam Walker", com destaque para o Wonderful Hair Grower (Maravilhoso Tônico de Crescimento Capilar), o mais vendido dos itens.[23] Foi divulgado desde as primeiras propagandas da empresa, publicadas no *The Crisis*, em 1912, ao lado de um anúncio da NAACP.

Após o falecimento da mãe, A'Lelia Walker, proprietária de uma escola de culturistas, o Lelia Walker College of Hair Culture, passou

---

22 *Golden Brown Bleaching*, 1920, citado por Kathy Peiss, *Hope in a Jar: The Making of America's Beauty Culture* [Esperança no frasco: criando a cultura de beleza estadunidense], 1999, p. 223.

23 Kathy Peiss, *Hope in a Jar*, pp. 225-256.

HISTÓRIA SOCIAL DA BELEZA NEGRA

a fabricar e comercializar o *tan-off*. Uma espécie de *desbronzeador* que prometia "remover sardas, espinhas e o bronzeado [*sic*]".[24] Concorrente do *Mulatto* Overton, a herdeira de Walker assinalava para afro-americanos sua preocupação com a Raça de cor. Mencionando grandes líderes negros, como o orador Frederick Douglass e o educador Booker T. Washington, a jovem, conhecida como a "musa da alegria do Harlem", divulgava seu "embelezador da compleição", disponível em três tons: branco, rosa e marrom.

A pesquisa da cosmética negra foi um processo que demandou muita sensibilidade para evitar o erro de reduzir as políticas do cuidado da pele negra ao desejo superficial de se tornar branco. Lida em seu contexto, a afirmação de Overton, "você é livre para fazer o que quiser", ajuda-nos a compreender que, para pessoas negras, privadas dos direitos de cidadania vitais, fazia sentido aproximar-se do padrão de beleza racial mulato, com o investimento de US$ 0,25.

Bem antes do catálogo da Overton, da Madam Walker e dos anúncios da Palmer surgirem no mercado, já existiam outros produtos que propunham mudar a pele negra. Na *The Colored American Magazine*, lemos descrições detalhadas das propriedades e benefícios do creme facial Cold Cream, da Madam Burnham's Velvet. O desenho de uma mulher branca, que convidava a leitora a transformar o visual com seu creme "aveludado", partia da seguinte ideia: ser *black* era um padrão feio que poderia ser mudado.

A solução para mudar o visual indesejado e tornar-se bonita era usar creme purificador e reconstrutor do tecido, que alimentava e embelezava a pele. O produto era anunciado como "o mais necessário para a toalete das senhoras".[25] Embora o público de *senhoras* não seja racial ou fenotipicamente adjetivado, o texto afirma que a pele escura

---

24 "Glorifying Our Womanhood" [Glorificando nossa feminilidade], *The Messenger*, maio de 1925, p. 212.

25 "Johnson M. F. C. Co. — Become Beautiful" [Tornando-se bela], *The Colored American Magazine*, outubro de 1900, p. 264.

"O MARAVILHOSO CLAREADOR DE PELE"

precisa ser "corrigida", o que estimulava mulheres de cor a sonharem com um futuro melhor, após resolverem seu problema.

A maior parte dos produtos era destinada às áreas do rosto, pescoço, mãos e colo, indicando duas coisas. Em primeiro lugar, o foco nessas regiões salientava a importância de mulheres negras manterem o restante do corpo coberto, como nos modelitos desenhados por Madame Rumford para a *The Colored American Magazine* em 1901, considerados os "estilos [que eram] tendência para o começo do verão".

Em segundo lugar, a recomendação visava mais à estratégia do que à moda. Usar clareadores e cobrir o corpo aumentavam as chances de ser uma "africana disfarçada". Os moldes de roupas apresentados na coluna de outra estilista negra, Madame F. Madison, e publicados na *The Half-Century Magazine*, são bons exemplos. Ao aconselhar suas leitoras sobre o que vestir, a estilista, que procurou "ansiosamente" as melhores dicas de moda por todo o país, oferecia três opções irresistíveis: um terno azul-marinho de gabardine, "admirado por todos"; outro terno, que nem mesmo Salomão, "em toda sua glória", imaginou uma de suas esposas trajando; e, em terceiro, uma camisa branca básica, que poderia ser usada quase todos os dias. Caracterizar a camisa branca como a mais comum entre todas as peças sugere que, se bem-cuidada, a pele da mulher — mulata claríssima de cabelos lisos — teria sua negritude disfarçada. É, justamente, a modelo mais escura quem usa o paletó de gola totalmente fechado e o chapéu com a maior aba.

Em comparação com figurinos apresentados pela revista *Vogue* nos anos 1920, notamos diferenças sobre o que podia ser revelado no corpo feminino branco e no mulato. Na matéria "Designs for Practical Dressmaking" [Modelos práticos para uma costureira], a roupa "prática", era mais leve e com muito menos tecido que as peças destinadas às mulheres negras. Lançada no outono, a *Vogue* convencia suas leitoras de que a "moda é um rio que nunca para", e apresenta o desenho de uma mulher branca que deixa à mostra canelas, pescoço e

HISTÓRIA SOCIAL DA BELEZA NEGRA

colo.[26] Nesse comércio desenfreado, outro produto que prometia uma revolução facial era o O-Zono, um refinador que curava "todas as doenças da pele". É curioso observar que, enquanto um "creme aveludado" preocupava-se em alimentar e embelezar a pele, esse apresentava-se como um "remédio honesto", que curava doenças e removia espinhas, manchas, marcas do rosto e sardas. Para descrever o "bronzeado" (e não a negritude ou a pele escura, negra) como um defeito reparável, o garantido O-Zono, que também era "o rei de todos os penteados", apresenta duas figuras femininas. Essas, estrelando o clássico antes e depois, confirmavam que era possível despigmentar a pele usando um frasco do produto fabricado pela Boston Chemical Co., empresa que garantiria às insatisfeitas o dinheiro de volta.[27]

"REMOVEDOR DE PELE PRETA"

Entre tantas narrativas publicitárias que marcam as diferentes formas de pensar na comunidade negra, para a empresa Crane & Co, agir com honestidade significava oferecer um tratamento mais radical: "remover a pele preta".

Removedor de Pele Preta
Registrado no Serviço de Patentes dos EUA — um maravilhoso clareador de pele e alisador de cabelo

Um maravilhoso clareador de pele [sic].
Uma compleição como pêssego obtida se usado [o produto] de acordo com as instruções. Tornará a pele de uma pessoa negra ou *Brown* quatro ou cinco tons mais clara e, a de uma mulata, perfeitamente branca.

---

26 "Vogue Designs for Practical Dressmaking" [Modelos práticos para uma costureira], 192?. Disponível em: <www.xroads.virginia.edu/~ma04/hess/fashion/vogue.html>.

27 Boston Chemical Co., "O-Zono", *The Colored American Magazine*, setembro de 1900, p. 265.

"O MARAVILHOSO CLAREADOR DE PELE"

> Em 48 horas, um ou dois tons já serão visíveis. O produto [...] realça o branco, e a pele permanece bonita, mesmo sem o uso contínuo. Vai remover rugas, sardas, manchas escuras, espinhas ou inchaços, tornando a pele mais suave e macia. Pequenos buracos, varíolas [sic], bronzeados [sic] e manchas são removidos sem prejuízos para a pele. Quando você conseguir a cor desejada, pare de usar a loção.[28]

Se considerarmos a pigmentocracia, o anúncio do Black Skin Remover (Removedor de Pele Preta) — com sua proposta curta e objetiva de remover, eliminar e arrancar a pele preta — adquire mais apelo e sentido. Quanto mais escura a tez, maiores as barreiras para a conquista de respeito e ascensão social, fora e dentro da comunidade negra. Com linguagem extremamente pesada e imagem agressiva e estereotipada, o anúncio desse removedor foi o único com discurso radical de transformação física que encontrei. Até os anos 1915, poucas empresas usaram categorias raciais (branco, negro, mulato etc.) para anunciar seus produtos. Exceto pela cosmetologista Rilas Gathright, que divulgava o seu Whitener Imperial (Branqueador Imperial), um creme capaz de deixar a pessoa "quase branca", desde que o "tratamento" fosse "completo".

> ### Oh, senhoras! Parem e considerem.
>
> Você sabe que o meu celebrado Imperial Whitener vai iluminar positivamente a pele negra, tornando-a quase branca. Mulatos ou pessoas de pele clara podem clarear a pele [tornando-a] inteiramente branca. Um frasco é tudo que é exigido para completar o tratamento. [Depois,] o uso pode ser suspenso. Meu Whitener Imperial é infalível. Ele é, com todo respeito, inofensivo. Como

---

28 Crane and Co., "Black Skin Remover", *The Colored American Magazine*, outubro de 1902, s/p.

HISTÓRIA SOCIAL DA BELEZA NEGRA

cortesia, eu pagarei US$ 100 a qualquer um que experimentá-lo. Seu efeito é visto de primeira. Eu manipulei o produto com uma tecnologia de ponta [que me permite] vendê-lo por um preço ao alcance de todos. Ele é vendido por US$ 25 o frasco. Recentemente, ele foi reduzido para US$ 2, mas agora, para apresentá-la, enviarei um frasco pré-pago para qualquer pessoa que me enviar US$ 0,50. Lembrem-se: eu garanto [a eficácia de] todos os frascos. Seu dinheiro será devolvido se você não ficar satisfeito. Não demore, envie US$ 0,50 para Rilas Gathright, 611, 23ª Street — Richmond, Virgínia.[29]

Como no caso da pomada do Dr. Palmer, na propaganda de Gathright, "iluminar" assumia o sentido particular de corrigir, ou seja, transformar "positivamente a pele negra", convertendo-a em "quase branca". O comercial da Hartona, de 1901, é mais um exemplo de como a cosmética negra baseava-se em uma linguagem que associava melhoria da aparência ao progresso racial:

Hartona Face Wash (sabonete facial)

Vai gradualmente tornar a pessoa preta cinco ou seis tons mais clara e a pessoa mulata perfeitamente branca. A pele permanece macia e brilhosa sem o uso contínuo do sabonete facial. Um frasco já funciona.

Hartona Face Wash vai remover rugas, manchas, espinhas, sardas e todos os prejuízos da pele. Você pode regular os tons da pele, do pescoço, do rosto e das mãos para a cor que desejar. As orientações completas seguem na caixa.

---

29 Rilas Gathright, "Whitener Imperial", *The Colored American Magazine*, novembro de 1901, p. 79.

Fonte: Chicago Commission on Race Relations, *The Negro in Chicago: A Study of Race Relations and a Race Riot*, 1922, p. 378.

Entre 1870 e 1930, 2 milhões de afro-americanos migraram do Sul para o Norte dos Estados Unidos. Em busca de segurança, respeito e melhores oportunidades, tiveram que manter laços afetivos através de conexões espirituais, envio de recursos financeiros para sustento familiar, escrita e remessa de cartas, redefinindo o amor para além da presença física.

Fonte: *The Crisis: A Record of the Darker Races*, set. 1914, v. 8, n. 5, p. 231.

Um dos principais e fascinantes pontos da história afro-americana foi a vitoriosa construção de uma comunidade política e economicamente forte. Um "mundo negro", com suas próprias instituições, que, subsidiadas por "líderes da Raça", representavam uma estrutura alternativa ao racismo.

Fonte: Chicago Commission on Race Relations, *The Negro in Chicago: A Study of Race Relations and a Race Riot*, 1922, p. 378.

Para mulheres negras, a migração Sul-Norte representou a ampliação das oportunidades profissionais urbanas, antes restritas ao trabalho doméstico. Nesse contexto, a beleza tornou-se pauta fundamental nos projetos políticos de afirmação econômica, racial e de gênero.

Fonte: *The Crisis: A Record of the Darker Races*, set. 1918, v. 16, n. 5, p. 255.

No começo do século XX, enquanto a média salarial de trabalhadoras domésticas era de US$ 30, uma revendedora de produtos de beleza negra podia fazer US$ 130 mensais. A publicidade de empresas, como a Kashmir, abrangia a divulgação dos produtos e o recrutamento de revendedoras, que, trabalhando para a marca, "ganhariam muito dinheiro".

Fonte: *The Voice of the Negro: An Illustrated Monthly Magazine*, jul. 1904, v. 1, n. 7.

The Voice of the Negro, fundada em Atlanta em 1904, foi a primeira revista negra do Sul dos Estados Unidos. Com publicação mensal e circulação nacional, debatia diversos conteúdos relacionados à importância de propagar valores de orgulho e autorrespeito, encorajando a comunidade negra na luta por direitos civis. Também focou na atuação de mulheres negras como lideranças políticas em espaços educativos e religiosos.

Imagem de capa da revista *The Colored American Magazine*, ago. 1902. Reprodução *Digital Colored American Magazine*, coloredamerican.org. Original mantido em Beinecke Rare Book and Manuscript, Yale University.

Fundada em Chicago, em 1900, com circulação mensal, *The Colored American Magazine* foi uma das primeiras revistas afro-americanas. Nas suas edições, é possível acompanhar o processo de construção da imagem de uma classe média negra ligada a projetos de arte, educação e política, conduzidos nacionalmente por intelectuais negros. Destaca-se também por erguer uma agenda pioneira de debates sobre mulheres negras.

Fonte: à esquerda, *The Messenger*, out. 1924, v. 6, n. 10, e à direita, *The Messenger*, dez. 1924, v. 6, n. 12.

Fundada em Nova York em 1917, *The Messenger* foi uma revista liderada por membros do Partido Socialista que defendiam um projeto socialista negro. Ainda assim, a cultura capitalista fazia-se presente em suas páginas, como se vê na imagem à esquerda, que evidencia as conexões entre imprensa, política e cosmética negras.

A Black Heritage [Herança Negra], iniciada em 1978 e publicada até hoje, é uma das séries de selos postais mais antigas dos Estados Unidos, dedicada a homenagear ícones da comunidade afro-americana.

Neste selo de 2009, vê-se Anna Julia Haywood Cooper (1858-1964), filósofa afro-americana que teve destacada atuação como intelectual pública e realizou palestras por todo o país. Aos 75 anos, a escritora tornou-se doutora em Filosofia pela Université de Paris, consagrando-se como a quarta afro-americana a atingir tal feito.

Madam C. J. Walker (1967-1919) é um ícone da ideia de *self-made black woman*. Uma das primeiras mulheres afro-americanas a se tornar milionária por meio de seu trabalho, construiu um império no ramo da indústria cosmética. Em 1998, foi homenageada com um selo na série Black Heritage.

Josephine Silone-Yates (1859-1912) foi química, professora de inglês e história e segunda presidenta da National Association of Colored Women [Associação Nacional de Mulheres de Cor].

Fonte: The Voice of the Negro: An Illustrated Monthly Magazine, jul. 1904, v. 1, n. 7.

Addie Waites Hunton (1866-1943) foi ativista do movimento sufragista, atuou, na França, na Primeira Guerra Mundial e, na década de 1930, tornou-se militante do Pan-Africanismo.

Fonte: The Voice of the Negro: An Illustrated Monthly Magazine, jul. 1904, v. 1, n. 7.

Mary Church Terrell (1863-1954), educadora, escritora e ativista, foi a primeira presidenta da National Association of Colored Women, entre 1896 e 1901.

A educadora e ativista Sylvanie Francoz Williams (1855-1921) dedicou sua vida ao trabalho intelectual de visibilizar o papel de mulheres negras, a quem chamava "nobres mulheres de cor".

Fonte: The Voice of the Negro: An Illustrated Monthly Magazine, jul. 1904, v. 1, n. 7.

Professora e ativista, Josephine Beall Wilson Bruce (1853-1923) foi correspondente do *The Crisis* e editora do National Notes, publicação da National Association of Colored Women.

Fannie Barrier Williams (1855-1944) foi ativista, escritora e liderança política engajada em visibilizar a importância de mulheres negras na sociedade norte-americana.

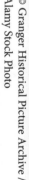
© Granger Historical Picture Archive / Alamy Stock Photo

Nannie Helen Burroughs (1879-1961) foi educadora, ativista dos movimentos sufragistas e pelos direitos civis e brilhante oradora. Segundo a educadora, para conquistar respeitabilidade era fundamental que mulheres de cor conhecessem a importância política da comunidade negra no país.

A Woman's National Baptist Convention [Convenção Nacional Batista de Mulheres] reuniu representantes das principais igrejas batistas afro-americanas do país. Como líder da Raça, Nannie Hele Burroughs (com o estandarte), acreditava na importância de mulheres negras terem suas próprias organizações.

Fonte: *The Crisis: A Record of the Darker Races*, out. 1914, v. 8, n. 6.

A história afro-americana é marcada pelo protagonismo de mulheres na luta por igualdade racial e de gênero. Em alternativa ao androcentrismo, foram criadas diversas associações femininas. Tais grupos eram espaços importantes de escolarização, formação política e criação de laços de amizade e solidariedade na perspectiva de uma irmandade negra.

Miss Edna Alexander *The Colored American Magazine*, jun. 1901. Reprodução *Digital Colored American Magazine*, coloredamerican.org. Original mantido em Beinecke Rare Book and Manuscript, Yale University.

Fonte: *The Crisis: A Record of the Darker Races*, dez. 1917.

Domínio público / Cortesia Duke University

Um dos principais projetos da imprensa afro-americana foi a criação da imagem da "nova mulher negra". Em uma perspectiva de expansão racial dos sentidos de feminino, fotografias como a de Miss Alexander e da Garota Kashmir (na página à esquerda) ampliavam horizontes de representatividade, transmitindo a mensagem de que mulheres negras não precisavam se preocupar, pois também eram "melhores que joias", já que possuíam boa graça, educação, beleza e inteligência, tal qual mulheres brancas.

Fonte: *The Crisis: A Record of the Darker Races*, dez. 1918, vol. 17, n. 2.

Mais do que erguer um ideal de perfeição, a imagem da mulher negra como mãe (e esposa), recorrente na imprensa negra de então, relaciona-se à cultura da beleza negra que desafiava os estereótipos de hipersexualização e incapacidade de constituir família, criados pela supremacia branca e alimentados pela imprensa tradicional.

Fonte: *The Half-Century Magazine*, dez. 1916, vol. 1, n. 5.

A beleza pode ser pensada dentro de uma ideia "cívica" para mulheres de cor, na qual a afirmação da negritude passa também pela valorização da pele clara, o que explica as propagandas de um alisador de cabelos e um branqueador de pele ocuparem a metade da página. A coluna permanente "Beauty Hint" [Conselhos de beleza], que divide espaço com os anúncios, promovia discussões sobre a importância que o cuidado com a aparência deveria desempenhar na vida de mulheres negras, articulando os objetivos capitalistas de venda e lucro ao intento pedagógico de educar e valorizar o público feminino negro.

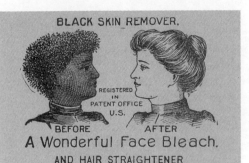

"Black Skin Remover" *The Colored American Magazine*, jun. 1901. Reprodução *Digital Colored American Magazine*, coloredamerican.org. Original mantido em Beinecke Rare Book and Manuscript, Yale University.

Entre os anúncios pesquisados, este é o que apresenta a proposta de mudança da aparência mais explícita e radical: remover a pele negra com a ajuda de um produto "que realçaria o branco", resolvendo o problema da negritude, "sem prejuízo da pele". O discurso da pele negra como problema, reforçado pela poderosa imagem do antes e depois, foi um mote para refletir sobre limites e possibilidades de estratégias publicitárias criadas em um contexto de medo, insegurança e vulnerabilidade da comunidade negra — assombrada pela "indústria do linchamento". Nesse contexto, "remover a pele negra" era um risco à saúde e à vida, mas ao mesmo tempo era apresentado como uma solução para os problemas de pessoas familiarizadas com a experiência de viver sob perigo.

O anúncio "Beauties of All Races" [Beleza de todas as raças] confirma a difusão da ideia de beleza étnica baseada na junção entre físico e símbolos culturais, como quimonos e turbantes. A propaganda reafirma o caráter excludente da beleza "universal" ao desconsiderar mulheres negras. Percebe-se, então, o importante papel da imprensa e da cosmética afro-americana de criar referências de beleza negra.

Fonte: *The Half-Century Magazine*, set. 1921, v. 11, n. 1.

Assim como em jornais negros brasileiros como *O Menelick*, que, em 1916, abriu pleito em busca de jovens negras "merecedoras de votos", a comunidade afro-americana, por meio de suas instituições, promoveu diversos concursos de beleza. Competições como "A mulher mais bonita da Raça" e "A garota de cor mais bonita do país" deixaram como legado uma cultura da beleza negra politizada. Os concursos são eventos-chave para entender as relações entre integração racial e humanidade de mulheres negras.

Fonte: *The Crisis: A Record of the Darker Races*, jun. 1918.

Com o mote "vale mais do que custa", o anúncio de página inteira, publicado no *The Crisis*, apresenta o Wonderful Hair Grower. Carro-chefe da empresa de Madam C. J. Walker, o tônico é descrito como um produto confiável, usado por milhares de cabeleireiras e culturistas de todo país, diplomadas pelo Lelia College of Hair Culture. Sua linguagem de proximidade reflete a preocupação da empresa não só com a qualidade do produto, mas também do seu frasco, que em 1918 ganhou nova versão.

Fonte: *The Crisis: A Record of the Darker Races*, dez. 1919, v. 19, n. 2.

A presença da Rainha do Nilo na publicidade marca uma virada na imprensa e na cosmética negras, caracterizada pela chegada de uma narrativa de valorização de uma ancestralidade africana gloriosa, em vez de bárbara.

The Key to Beauty, Success, Happiness, Indianapolis, Madam C. J. Walker Manufacturing Company, 1929, Published Collection Department, Hagley Museum and Library.

Uma das especificidades da cosmética negra, presente no catálogo da Madam C. J. Walker Company (1929), foi criar um sentido de beleza associado à cidadania: uma beleza cívica negra, baseada na valorização do cuidado físico como a "chave" para o sucesso e a felicidade.

Coleção Smithsonian National Museum of African American History and Culture.

Annie Minerva Turnbo Malone (1869-1957) é uma das empresárias pioneiras da cosmética negra. Sua marca, a Poro Hair and Toilet Preparations, dedicou-se a articular fabricação, venda de produtos de beleza e formação profissional de mulheres negras. Isso foi muito importante para a criação de uma consciência de classe entre trabalhadoras negras.

Coleção Smithsonian National Museum of African American History and Culture.

No manuscrito de uma fórmula da Poro College, lê-se: "Óleo definidor. 1 RZ Vaselina; tutano de boi, óleo de gerânio. Mexer os três ingredientes juntos. Óleo suficiente para perfumar." Considerando as precárias condições de vida dos afro-americanos na virada do século XIX, o texto curto, escrito à mão, é um registro da importância de mulheres negras escreverem sua própria história.

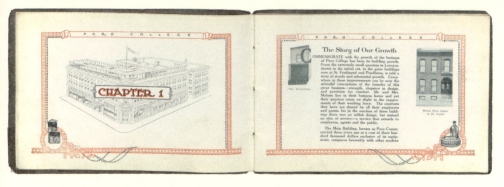

Coleção Smithsonian National Museum of African American History and Culture.

O livro souvenir da Poro College Company apresenta um pouco da história da promissora empresa, que se destacou por criar um sistema pioneiro de revendas mundial e chegou a empregar mais de 75 mil pessoas entre Estados Unidos, Bahamas, Canadá e Cuba. A Poro consolidou-se também como uma referência cultural para a comunidade afro-americana de St. Louis.

Poro Hair and Beauty Culture, St. Louis, Poro College, 1922. Schomburg Center for Research in Black Culture, Photographs and Prints Division.

A estética *art nouveau* foi utilizada pela Poro para difundir a ideia de cultura da beleza construída pela imagem de uma "nova mulher negra", delicada e elegante. Se isso reforça os estereótipos femininos de "bela, recatada e do lar", também autoriza mulheres negras a se projetarem através de lugares historicamente negados.

"Crimp-Less" *The Colored American Magazine*, ago. 1902. Reprodução *Digital Colored American Magazine*, coloredamerican.org. Original mantido em Beinecke Rare Book and Manuscript, Yale University.

O alisamento foi uma prática de autocuidado capilar que se popularizou na virada do século XIX para o XX nos Estados Unidos e na diáspora. Mais do que embranquecer, alisar o cabelo relacionava-se ao investimento na feminilidade "respeitável", associada a uma imagem livre, urbana e moderna. Na propaganda, um pente quente alisante elétrico, que promete tornar o cabelo "menos frisado", "sem queda".

A'Lelia Walker (1885-1931), filha única de Madam C. J. Walker, foi uma empresária extremamente criativa e grande parceira de sua mãe. Talentosa cabeleireira, fundou e dirigiu o A'Lelia Walker College of Hair Culture, que funcionava em conjunto com a fábrica de produtos de beleza comanda por Madam Walker. Após a morte da mãe, em 1919, assumiu os negócios da família, levando para a empresa uma nova linguagem.

Nascida Sarah Breedlove, Madam C. J. Walker — mulher negra de pele retinta —, empregou-se desde menina no opressor mercado do trabalho doméstico. A aproximação com Annie Malone, somada à sua inteligência e determinação, contribuiu para que em curto espaço de tempo passasse de revendedora à dona de seu próprio negócio. Foi uma grande protagonista da luta antirracista, representando-a até mesmo em propagandas, e teve expressiva participação política nos movimentos pelos direitos civis.

Wealthiest Negro Woman's Suburban Mansion

Estate at Irvington, Overlooking Hudson and Containing All the Attractions That a Big Fortune Commands

To own a country estate on the banks of the Hudson has been the dream of many a New Yorker. It is a dream come true in the case of Mrs. Sarah J. Walker, the city's wealthiest negro woman. Mrs. Walker, or Mme. Walker, as she is more generally known, has built a $250,000 home at Irvington. Twelve years ago she was a washerwoman, glad of a chance to do any one's family wash for $1.50 a day. Her friends now acclaim her the Hetty Green of her race. They say she has a cool million, or nearly that.

Ground for the Walker dwelling was broken eight months ago, and a large gang of workmen have been kept busy ever since. Although the house is nearly completed, it will not be ready for occupancy for several months. When it is finished it is to be one of the show places on the Hudson. Of late Mme. Walker, in her high-powered motor car, has been a familiar visitor in Irvington. On her first visits to inspect her property the villagers, noting her color, were frankly puzzled. Later, when it became known that she was the owner of the pretentious dwelling, they could only gasp in astonishment.

"Impossible!" they exclaimed. "No woman of her race could afford such a place."

To say that the village, when the report was verified, was surprised, would be putting the case mildly. "Does she really intend to live there, or is she building it as a speculation?" the people have asked. It may be said for Mme. Walker that she intends to make Irvington her permanent home, and is preparing to furnish the house in accordance with her tastes.

Although she has made money in her hair-tonic business, she has also made it through good investments. She is the red tile, is in the Italian renaissance style of architecture, and was designed by V. W. Tandy, a negro architect. It is 113 feet long, 60 wide, and stands in the centre of a four-and-a-quarter-acre plot. It is fireproof, of structural tile with an outer covering of cream-colored stucco, and has thirty-four rooms. In the basement are a gymnasium, baths and showers, kitchen and pantry, servants' dining room, power room for an organ, and storage vaults for valuables.

The main entrance is on the north side. The visitor enters a marble room, whence a marble stairway leads to the floor above. On the first floor are the library and conservatory, a living room

Irvington Home of Wealthy Negro Woman, Now Nearing Completion. Brown Bros.

21 by 32 feet, furnished in Italian style, a Louis XV. drawing room 18 by 45 feet, and a dining room with a hand-painted ceiling. Adjoining the two drawing rooms is a chamber for an $8,000 organ, which may be played automatically or by hand. Mme. Walker likes music. When the organ is played, sounding pipes will carry the strains to different rooms in the house.

The second floor contains bedrooms, bathrooms, showers, dressing rooms, sewing rooms, and two sleeping porches. On the third floor are servants' quarters. The owner employs eight servants, including a butler, sub-butler, chef, and maids of all work. In addition to these she has a social secretary and a nurse. On the third floor are also bathrooms, a billiard room, and a children's nursery. Mme. Walker loves children. They are frequent guests at her home. She provides toys for them, likes to see them at play, and does what she can to make them happy.

Plans for furnishing the house call for a degree of elegance and extravagance that a princess might envy. There are to be bronze and marble statuary, sparkling cut glass candelabra, paintings, rich tapestries, and countless other things which will make the place a wonder house.

On the side of the house facing the river is a terraced veranda 72 feet long and 14 wide, with columns supporting a balcony above. On either side of this long terrace stairways lead to a second terrace, 60 feet in length with stairways to a sunken Italian garden below. This garden is to be in charge of an Italian gardener, and it is planned to keep it blooming with flowers from early Spring until late Fall.

Near by is the garage with apartments for the chauffeur and gardener. Mme. Walker maintains four automobiles. She has taken automobile trips in the West Indies, Panama, Cuba and Costa Rica, the South, and New England. She is content to let her chauffeur drive the big cars. She has, however, a small electric coupé which she drives herself on shopping tours.

Mme. Walker is preparing to entertain her friends on a large scale in the new house. She will have as her companion most of the time her daughter, Mrs. Lelia Walker Robinson, associated with her in business.

"I was born forty-nine years ago," she said in speaking of her life, "was married at 14, and was left a widow at 20 with a little girl to support. If I have accomplished anything in life it is because I have been willing to work hard. I never yet started anything doubtingly, and I have always believed in keeping at things with a vim. When, a little more than twelve years ago, I was a washerwoman, I was considered a good washerwoman and laundress. I am proud of that fact. At times I also did cooking, but, work as I would, I seldom could make more than $1.50 a day. I got my start by giving myself a start. It is often the best way. I believe in push, and we must push ourselves.

"I was at my tubs one morning with a heavy wash before me. As I bent over the washboard, and looked at my arms buried in soapsuds, I said to myself: 'What are you going to do when you grow old and your back gets stiff? Who is going to take care of your little girl?' This set me to thinking, but with all my thinking I couldn't see how I, a poor washerwoman, was going to better my condition.

"Now comes the part of my story that may sound strange, but it is the absolute truth. One night I had a dream, and something told me to start in the business in which I am now engaged. I did. I went to Denver, Col., and began my business career on a capital of $1.25."

Fonte: *The New York Times*, 4 nov. 1917.

Dado seu sucesso mundial, em 1917 Madam C. J. Walker foi entrevistada pelo jornal *The New York Times*. Na matéria de página inteira, contou sua história: "Fui para Denver, Colorado, e comecei minha carreira com um capital de $ 1,25. [...] Sondava as pessoas da minha Raça batendo de porta em porta. Depois disso, fui muito bem. Mas, claro, encontrei muitos obstáculos antes de finalmente alcançar o verdadeiro sucesso. Não acredito em ganhar chances. Nunca peguei uma num estoque de supermercado. Não sou milionária, mas espero ser um dia, não por causa do dinheiro, mas porque poderei fazer muito para ajudar a minha Raça."

Madam Walker before and after her wonderful discovery.

Primeira propaganda da empresa de Madam C. J. Walker de que se tem registro (1890?). A fotografia é estrelada pela própria Madam, que, ainda como Sarah Breedlove, usou o recurso imagético do antes e depois, mostrando em si mesma os resultados do Wonderful Hair Grower. A imagem evidencia um contraste entre cabelo crespo e liso, e a linguagem que qualifica o produto apresenta-o como um tratamento voltado "a restaurar e embelezar o cabelo sem prejudicar o couro cabeludo", narrativa que se manteve durante toda a história da empresa.

Fonte: *The Messenger: World's Greatest Negro Monthly*, ago. 1924, v. 6, n. 8.

"Race Wonder Woman" [Mulher Maravilha da Raça] foi uma das peças publicitárias da Madam C. J. Walker Manufacturing Company. Publicada após a morte de sua fundadora, glorificava Madam Walker como uma heroína da Raça. Para isso, foram destacadas suas características, como "habilidade para os negócios"; disposição para "dignificar uma profissão"; e a condição de viúva e mãe dedicada, que passou por "grandes dificuldades", sem esquecer seu respeito à Bíblia e o apreço pelos estudos.

Coleção Smithsonian National Museum of African American History and Culture, cortesia de A'Lelia Bundles.

Na gestão de A'Lelia Walker desenvolveu-se uma linguagem publicitária que relacionava a trajetória de Madam C. J. Walker a um projeto coletivo de progresso das mulheres de cor. Isso foi feito através da criação de slogans, como "Da cabana à mansão", "De escrava a líder social" e "Glorificando nossa feminilidade", que conectavam a experiência histórica de mulheres negras à importância do autocuidado físico e do trabalho para conquista de "beleza e sucesso".

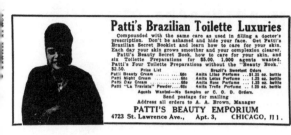

Fonte: *The Crisis: A Record of the Darker Races,* mai. 1920, v. 20, n. 3.

O Brasil foi destaque nas páginas da imprensa negra. Inclusive influenciou empresárias da cosmética negra, como Anita Patti Brown, que transformou o nome "Brasil" em selo de qualidade para seus produtos de cuidado com a pele.

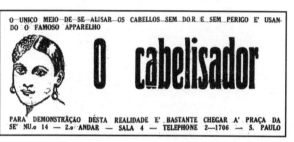

Fonte: *O Clarim d'Alvorada,* set. 1929, p. 4.

O Cabelisador prometia "Alisar todo e qualquer cabello por muito crespo que seja". Veiculada no jornal negro paulistano *O Clarim d'Alvorada*, a propaganda apresenta semelhanças com a narrativa afro-americana de "liso" como sinônimo de "bonito" e de "alisar" como "encompridar".

Fonte: *O Clarim d'Alvorada,* jul. 1931, p. 2.

Assim como na publicidade de Madam Walker, no Brasil, o Cabelisador e a "fórmula scientífica alemã" foram apresentados como produtos "mágicos, maravilhosos e de confiança". A propaganda reforça a perspectiva da cosmética negra como realizadora de "milagres" para o cabelo e também para a pele de pessoas negras.

Fonte: *O Clarim d'Alvorada*, set. 1929.

No Brasil, a imprensa negra das primeiras décadas do século XX apostou em projetos de nação que integrassem as identidades negra e brasileira. Nesse contexto, o jornal *O Clarim d'Alvorada* elegeu como um dos símbolos da raça negra a Mãe Preta, construída como um importante exemplo de amor, trabalho e grandeza na luta pela quebra de barreiras raciais que impediam a integração do negro brasileiro. A matéria de capa refere-se à campanha do jornal para criação do Dia da Mãe Preta, "uma justa aspiração" encabeçada por uma citação de Julio Prestes: "Devemos viver o presente e interpretar em ação poderosa o futuro; do passado, consciência; mas não saudade."

"O MARAVILHOSO CLAREADOR DE PELE"

> Hartona Face Wash não é prejudicial e é enviado para qualquer parte dos EUA mediante recibo de preço, US$ 0,50 por frasco, seguramente selecionado após testes (observação). É sua tarefa ter a aparência mais bonita tanto quanto for possível.[30]

Além de trazer informações sobre preço, qualidade e resultados prometidos, o anúncio menciona o combate a dois males distintos: o social e o físico, tornando a pele de uma pessoa *black* "cinco ou seis tons mais clara" e a de uma mulata "perfeitamente branca". Em anúncio com sugestivo título "Hartona: Positively Straightens" [Hartona: endireita positivamente], publicado no ano seguinte, em 1902, a companhia mostrava a evolução e os jogos de linguagem da indústria cosmética. Na ocasião, em vez de *face wash*, o produto é descrito como um *face bleach*, que "gradualmente" tornava a "pele *black* ou *dark* cinco a seis tons mais clara" e a mulata "quase branca".[31] Em resumo, se o *face wash* prometia a pele "perfeitamente branca", o *face bleach* era direto no título e sutil no resultado prometido: "quase branco". Ao oferecer à comunidade negra o clareamento, por meio de imagens contundentes e narrativas ambíguas, dentro de uma revista cheia de mulatos bem-sucedidos, a solução parecia sedutora, simples e acessível, dada a quantidade de ofertas que não se restringiam a Hartona. Reforçando o imaginário de que a mudança está nas mãos de consumidores, o Whitener Imperial, por exemplo, prometia que os "pretos virariam mulatos" e os mulatos, "quase brancos", embranqueceriam de vez.

Os clareadores de compleições escuras eram todos produtos de altíssimo risco de saúde, mas, como a ideia é analisar o seu contexto

---

30 "Hartona — The Grandest of All Preparations for Hair, Matchless, and Positively Unequalled Straigthens All Kinky, Stubborn, Harsh, Curly Hair", *The Colored American Magazine*, janeiro de 1901, s/p.

31 "Hartona: Positively Straightens All Kinky, Knotty, Stubborn, Harsh, Curly Hair", *The Colored American Magazine*, janeiro e fevereiro de 1902, p. 400.

de produção, torna-se importante atentar para a predominância de discursos mais sutis, que sugerem um meio-termo entre a expectativa e a realidade. Nos primeiros anos, a *The Colored American Magazine* divulgava o The Wonderful Face Bleach (O Maravilhoso Clareador Facial), que falava em conserto, e não em remoção da pele. Além dele, a revista divulgou o "A Good Complexion" (Uma Boa Compleição), um comercial que explicava que adquirir uma "boa compleição", sem "remédios ou cosméticos" era possível. Bastava ler um "pequeno livro" de US$ 0,25.[32]

Em casos como esse, a racialização aparecia na descrição dos resultados por meio de adjetivos — "bom" e "maravilhoso" — que também eram empregados pela cosmética branca, com o distinto propósito de aperfeiçoamento racial.

VIVENDO À SOMBRA DA *COLORED GIRL*

Na cosmética negra, clarear a pele era uma proposta para mulheres de compleição escura melhorarem de vida e alcançarem a equidade racial, individual e familiar. No anúncio "Conselhos para compleições escuras", antes das recomendações, o Dr. Palmer definia a beleza: ser branca e ter um cabelo "exuberante". Essa era uma conquista possível com o uso de um sabonete e uma pomada facial que branqueavam a pele e de um creme capilar que alisava e fazia o cabelo crescer. Ser mulata era uma alternativa para não viver à sombra da *colored girl*. Nas palavras de Fannie Barrier Williams:

> É verdade que *colored girl* é quase um termo censurado na vida
> social dos Estados Unidos. Ela [a *colored* girl] não é conhecida,
> e por isso é desacreditada. Ela é designada como pertencente

---

32 "A Good Complexion" [Uma boa compleição], *The Colored American Magazine*, fevereiro de 1902, p. 305.

"O MARAVILHOSO CLAREADOR DE PELE"

a uma raça que, na melhor das hipóteses, é vista como um "problema". Ela vive à sombra desse problema que a encobre e a obscurece.[33]

Representadas no discurso da supremacia branca como um "problema", devido à sexualidade desenfreada e ao primitivismo, mulheres negras eram convencidas a apostar nos *bleachings* como possibilidade de se afastar dessa sombra. Não se tratava de ser "invejada" pelas mulheres e "admirada" pelos maridos, como no caso da modelo branca da propaganda "Do you want to marry me again?" [Você quer casar comigo de novo?], da Pond's. Mas sim uma forma de se proteger da supremacia branca. "Não importa o quão escura seja sua compleição",[34] ela pode ser alterada.

"A força da beleza é inestimável, e feliz é a mulher que tem o matiz rosa em suas bochechas, além de uma compleição sem falhas", dizia a propaganda da Plough Chemical, do Tennessee. As "infelizes", "com pele escura e lívida, desfigurada por espinhas, manchas e outras imperfeições" poderiam adquirir uma compleição tão perfeita quanto a desejada, usando Black and White Beauty Treatment (Tratamento de Beleza Negra e Branca).[35]

Em fato raro, o produto da firma branca falava ao mesmo tempo com mulheres brancas e negras: todas as belezas serão iluminadas pela "mais agradável das luzes".[36] Ao menos no discurso, o objetivo era a união, o que pode estar relacionado a um contexto mais amplo, se considerarmos que nos anos 1920 a *The Messenger* era uma das revis-

---

33 Fannie Barrier Williams, "The Colored Girl" [A garota de cor], *The Voice of the Negro*, junho de 1905, p. 400.

34 Dr. Fred Palmer's Laboratories — "Beauty Aids for Dark Complexions", *The New York Amsterdam News*, 13 de dezembro de 1922, p. 9.

35 Plough Chemical Co. — "Black and White Beauty Treatment" [Tratamento de Beleza Negra e Branca], *The Chicago Defender*, 29 de maio de 1920, p. 10.

36 *Ibidem.*

HISTÓRIA SOCIAL DA BELEZA NEGRA

tas que defendia a criação de uma associação nacional na qual sindicalistas negros se unissem a trabalhadores brancos.[37]

Em uma *dobradinha*, a imprensa e a cosmética negras impulsionavam o discurso da pele escura como "feia", "manchada", assinalando a importância de construir um "visual amigo", oferecendo como alternativa o clareamento da compleição escura: a "única maneira de assegurar oportunidades igualitárias e de ascender no mundo do comércio e dos negócios".[38] Apesar de ser apresentada como uma nova descoberta inofensiva, maravilhosa e sem riscos, a aposta de transformar a aparência e a vida pelo uso de *bleachings* era muito perigosa e dolorosa. À base de soda cáustica e outros abrasivos, de composição química desconhecida, esses clareadores, muitos de fabricação caseira e manuseados por crianças, feriram e mataram muitas pessoas. Principalmente mulheres negras que, em busca de serem "admiradas", "amadas" e "respeitadas", sentiram na pele os altos preços da opressão capitalista, racial e de gênero.

---

37 *The Messenger*, agosto, 1920, s/p.

38 Fannie Barrier Williams, "Perils of the White Negro" [Os perigos do negro branco], 1907, p. 423.

5.

A Garota Kashmir

"Melhor que a melhor"

Em sua edição de abril de 1917, o *The Crisis* decidiu homenagear Maria L. Baldwin. Nascida em Cambridge, Massachusetts, a senhorita foi formada nas escolas pública e normal da sua cidade. Diretora da Escola Agassiz e ocupando a "mais distinta posição entre os descendentes negros no mundo do ensino nos Estados Unidos", Baldwin rompeu barreiras de gênero, sendo homenageada na coluna "Men of the Month" [Homens do Mês],[1] com sua foto.

Infelizmente, esse mesmo sucesso era raro, ao passo que as histórias de violência racial, constantes — como no caso de uma jovem funcionária administrativa. Ela havia sido contratada por uma importante empresa que não supôs, pela aparência e pelas maneiras das "mais atrativas", seu parentesco com um garoto de "sangue evidentemente negro" que se apresentou no escritório como seu primo. Ainda que a firma respeitasse seu caráter, a moça foi convidada a partir por "carregar traços de sangue negro nas veias", como informou-lhe o ex-fu-

---

1 "Men of the Month" [Homem do mês], *The Crisis*, abril de 1917, p. 281.

HISTÓRIA SOCIAL DA BELEZA NEGRA

turo chefe branco.[2] Já Elizabeth P. Simpson deixara uma herança no valor de US$ 40 mil, mas o juiz, em dúvida quanto à sua descendência negra ou crioula, estava propenso a transferir o espólio aos patrões brancos, em vez de assegurar o direito da família negra da falecida.[3]

Após ler em uma revista essas e outras denúncias do racismo branco contra a "outra raça", moças, como a anônima secretária, aproximavam-se de uma nova possível solução para seus problemas: as Loções da Kashmir. Ostentando a foto de uma mulher mulata, a propaganda apresentava o instituto homônimo, voltado ao ensino de "métodos científicos modernos de beleza e saúde por correspondência".

Para começar, bastava requisitar e recebia-se gratuitamente um luxuoso folheto de beleza, saúde e sucesso, com as devidas explicações sobre o que fazer para sentir-se feliz como a *Garota Kashmir*, representada por uma modelo que estrelava a propaganda. Era como se Claude Barnett, o famoso gerente de marketing e fotógrafo, dissesse: "Brancos, vocês têm a *school girl* da Pond's, nós, negros, temos a Garota Kashmir."

Em cada campanha uma jovem diferente era apresentada. Assim, no mês seguinte, vemos a segunda propaganda: "Não se preocupe com a pele ruim — aprenda a Maneira Kashmir com o Kashmir Hair Beautifier [Embelezador de Cabelos da Kashmir]".[4] Apesar de o texto não mencionar a palavra "escura", a pele clara da modelo, associada à ideia de sucesso, induzia a pensar que, quanto mais escuras, menores as chances de trabalho, salário justo, educação e proteção das crianças, conforme sonhava um "homem de cor da Geórgia". O texto fora publicado na mesma edição da revista, na qual, em vez do sorriso largo, a Garota Kashmir exibe apenas um leve ar de contentamento.

Entre 1917 e 1918, o Instituto Kashmir publicou seus anúncios com regularidade na *The Crisis*, ressaltando que seu objetivo principal era

---

2 "The Looking Glass" [O espelho], "Appointing Negroes" [Apontando negros], *The Crisis*, abril de 1917, p. 292.

3 "The Horizon", *The Crisis*, abril de 1917, p. 301.

4 "Don't Worry About Bad Skin" [Não se preocupe com uma pele ruim), *The Crisis*, junho de 1917, p. 100.

A GAROTA KASHMIR

oferecer "beleza à mulher". Suas propagandas informavam: qualquer moça que reserva de 5 a 10 minutos para os "maravilhosos métodos" da Maneira Kashmir, conquista, em poucos dias, uma "pele clara e suave e um cabelo perfeito". "Você pode fazer o mesmo", dizia a garota do mês de abril, comprovando os méritos do tratamento usado por "centenas de mulheres".

O método de pesquisa de leitura na íntegra de revistas e jornais, e não somente das propagandas, possibilitou entender o impacto que essas narrativas tinham na mente das leitoras que, além da Garota Kashmir, conheciam jovens como Srta. Mary Cromwell. Estudante da Universidade de Michigan, ela se tornou professora de Matemática. Bastante interessada no trabalho social, a simpática ativista angariou vários membros para a NAACP de Washington, sem deixar os estudos de lado. Ainda que só frequentasse a universidade aos sábados, ela foi a primeira mulher de cor a concluir mestrado na Universidade da Pensilvânia. Diante de tantas barreiras e de um esforço inenarrável, Du Bois frisava que o sucesso da moça tinha um significado a mais, devido à forma como lutou para superar as barreiras de gênero e raça. Se por um lado jovens como Mary Cromwell e Fern Caldwell, campeã invicta de tênis no sul da Califórnia, enchiam o público de orgulho, as cenas de violência mantinham o alerta sobre o terror disseminado por supremacistas brancos. Duas histórias relatando o "Massacre of East Saint Louis"[5] levavam ao desespero. A primeira dizia respeito à menina Mineola McGee, que, depois de ser baleada por um policial, teve o braço amputado. Já a segunda, se referia a Narcis Gurley, uma senhora perto de completar 71 anos e que, mesmo morando havia trinta anos na cidade

---

5 O Massacre de East Saint Louis foi um motim de violência e terror raciais conduzido pela população branca local diante da migração de trabalhadores negros para região em busca de emprego. Durante os dias de motim, além dos espancamentos, ofensas verbais, estupros, linchamentos, estima-se a morte de mais de duzentas pessoas negras, a destruição de muitas de suas propriedades assim como a migração forçada para outras cidades. Em resposta a um dos piores massacres raciais da história norte-americana, a população negra teceu redes de proteção local e organizou-se nacionalmente, realizando um protesto silencioso em uma marcha histórica que reuniu 100 mil afro-americanos em Nova York.

onde trabalhara como doméstica e lavadeira, teve casa e partes do corpo queimadas num dos confrontos do massacre.[6]

Atendendo ao propósito de informar a população afro-americana sobre as consequências do racismo, o *The Crisis* tinha coluna permanente, a "The Burden" [O Fardo], onde eram publicadas estatísticas mensais da "indústria do linchamento". Além das estatísticas, era possível acompanhar coberturas minuciosas de eventos públicos de linchamento, como a notícia sobre o que ocorreria no bairro de Ellisville, em Nova Orleans, no qual John Hartfield seria queimado, e onde eram esperadas 3 mil pessoas.[7] Outros ataques eram publicados, como os que tiraram a vida de crianças "criminosas" acusadas de envenenar mulas; os casos de garotos de cor, como o agricultor Jesse Washington, que aos 17 anos foi linchado em Waco, no Texas, por mais de 1.500 pessoas; e de mulheres, como a trabalhadora doméstica Annie Bostwick, uma negra de 70 anos que, acusada de matar a patroa, esposa de um poderoso fazendeiro da Geórgia, teve seu corpo "cortado em dois".[8] Nessa atmosfera de racismo institucional, a cosmética negra relacionava-se às lutas pela preservação da vida.

A Kashmir levava para as propagandas o contexto político em que se inseriam. Essa conexão é explicitada por um comercial veiculado em 1918, no final da Primeira Guerra Mundial, que apresentava uma enfermeira de cor da Cruz Vermelha como uma mulher que estava fazendo sua parte nas lutas por humanidade e democracia pelo seu país. Parada ao lado da sua maleta preta, a Garota Kashmir explicava às consumidoras que a marca tinha os "primeiros-socorros da beleza" e perguntava: "Se eu posso te tornar mais bonita, por que não dar uma chance a Kashmir? Uma marca melhor que a melhor."[9]

---

6 "The Massacre of East St. Louis" [O massacre de East Saint Louis], *The Crisis*, setembro de 1917, pp. 223-38, pp. 234-6.

7 "3.000 Will Burn Negro" [3.000 irão queimar negro], *The Crisis*, agosto de 1919, p. 208.

8 "Lynched a Woman" [Linchando uma mulher], *The Crisis*, agosto de 1912, p. 196.

9 "The Red Cross Nurse" [A enfermeira da Cruz Vermelha], *The Crisis*, setembro de 1918, s/p.

A GAROTA KASHMIR

No mês seguinte, e também relacionada à guerra, a nova propaganda destacou duas jovens de cor com sombrinhas e roupas elegantes. Cortejadas pelos novos oficiais de cor, homens galantes e arrojados, na opinião delas, os combatentes eram além de tudo, "imbatíveis". Com tantos atributos, e seu "olhar afiado para a beleza", "é claro que eles só se sentiriam atraídos pelas Garotas Kashmir".

Por meio da Maneira Kashmir, a empresa também se comprometia a resolver os assuntos do coração, alertando as jovens sobre a importância de construir uma família feliz. Além das versões "enfermeira" e "namoradeira", Barnett e sua equipe investiram na construção da personagem "mãe". Abraçada a um bebê, a garota, mais uma jovem de pele clara, ensinava às leitoras que a maternidade era uma dádiva que transformava a alma feminina. Criado num lar feliz, o bebê, Kashmir Boy, mostrava seu gosto pela marca.[10]

Para ocuparem o posto de Garota Kashmir, consumidoras deveriam ser disciplinadas no uso dos vários produtos do catálogo:[11]

- **Kashmir Cleanser:** sabonete facial

- **Kashmir Hair Beautifier:** embelezador para cabelos

- **Kashmir Cream Balm:** bálsamo hidrante para cabelos

- **The New Liquid Cold Cream:** nova loção facial creme hidratante regenerador

- **Kashmir Liquid Powder:** base líquida facial

- **Kashmir Vanishing Cream:** creme facial de rápida absorção

---

10 "Kashmir Preparations for Hair and Skin" [Loções Kashmir para Cabelo e Pele], *The Crisis*, janeiro de 1917, s/p.

11 "Kashmir for Hair and Skin — Better Than the Best" [Kashmir para Cabelos e Pele — Melhor que o Melhor], *The Crisis*, agosto de 1919.

HISTÓRIA SOCIAL DA BELEZA NEGRA

- Kashmir Cold Cream: creme hidratante facial

- Kashmir Cream Powder: pó facial compacto

- Kashmir Dandruff Remedy: loção anticaspa para o couro cabeludo

- Kashmir Rouge: blush

- Kashmir Shampoo: xampu

Ao considerar que, dos onze artigos, sete destinavam-se à pele e apenas quatro ao cabelo, percebemos o foco da empresa na compleição. Essa era tratada com cremes recomendados por farmacêuticos e especialistas em beleza e certificados por uma Garota Kashmir, que, sentada à penteadeira, exibia braços, costas e colo e ostentava uma aparência translúcida.

Ao compartilhar das mesmas preocupações com a equidade da mulher de cor que afligiam seus concorrentes afro-americanos, Barnett também tentava convencer as compradoras a dar um passo a mais: estudarem no Beauty Culture, de onde sairiam diplomadas como *beauty culturist* (culturistas e esteticistas) e ganhariam dinheiro rápido, com uma ocupação honesta e prazerosa.[12]

Diferentemente de outras escolas de beleza que conhecemos, o curso de Barnett, que durava entre seis e dez semanas, era ministrado somente por correio. A escolha de tal sistema, provavelmente, era um dos frutos do *know-how* acumulado como fotógrafo. Com trabalhos em todo o país, o experiente editor de postais considerava importante distinguir o público comprador do trabalhador. Da mesma edição do *The Crisis* (outubro de 1918) na qual a enfermeira ofertava seus "primeiros-socorros" para as consumidoras de pele escura, consta um anúncio para recrutar revendedoras: "queremos representantes que

---

12 "Learn Beauty Culture — Kashmir Preparations for Hair and Skin" [Aprenda a cultura da beleza — Produtos Kashmir para cabelo e pele], *The Crisis*, junho de 1919, s/p.

levem os cursos Kashmir de Saúde e de Beleza a todas as cidades e com eles ensinaremos como ganhar um grande salário".

Entre os argumentos que justificavam o sucesso da companhia e de suas revendedoras — e que eram usados como isca para fisgar futuras representantes —, a empresa de publicidade de Barnett destacava a qualidade dos produtos e o fato de serem armazenados e comercializados em embalagens bonitas e atraentes. Seja como compradora eventual, consumidora fiel ou revendedora certificada, ao final de três anos exposta a tantas propagandas, a maioria das leitoras devem ter se perguntado ao menos uma vez: "Por que não ser uma Garota Kashmir?"

Com promessas de alisamento capilar cientificamente comprovado e cultura da pele clara, validada por modelos com rosto, braços e colo escuros e pernas brancas, a firma de Chicago consolidava-se na década de 1910 como uma das maiores especialistas da cosmética afro-americana. "Pele Bonita, Cabelo Bonito!" Recado dado, desta vez, por uma Garota Kashmir que, vestindo um quimono e abanando-se com seu leque, apresentava produtos como o creme "branqueador e de limpeza". Provavelmente o mesmo que, três anos depois, seria anunciado apenas como "de limpeza".

Apresentadas na *The Crisis* como ícones da "nova beleza", as mulatas *à la* Índia da Kashmir talvez não pudessem imaginar, mas estavam com seus dias contados. No final dos anos 1910, Barnett decidiu inovar, explicitando os vínculos da Garota Kashmir com o continente africano. Vejamos como ele colocou esse projeto em prática.

Por que não Cleópatra?

Em março de 1920, a Garota Kashmir, cansada de tanto trabalho, decidiu passar o bastão para ninguém menos que a Rainha do Nilo, que convidava as leitoras a usar os produtos da marca.

Apesar das mudanças, algumas estratégias mantiveram-se, como a divulgação do famoso *Book of Beauty* [Livro da beleza]. Renomeado como *Nile Queen Beauty Book* [Livro da Beleza da Rainha do Nilo], a publicação, em vez da *Garota* passava a ter como protagonista a *Rainha*, representada em foto e desenho — com direito a um admirador jogado aos seus pés.

Com três personagens — Garota Kashmir, Rainha do Nilo e uma terceira mulher que, com tronco nu, segurava um espelho —, o novo anúncio marcava a estreia de uma nova personagem na publicidade cosmética negra: Cleópatra. No segundo comercial, o faraó carregava os produtos Kashmir numa bandeja, assegurando que os itens eram "os mesmos usados por Cleópatra". Ainda que dentro de limites, a mudança de foco da Índia para o Egito abria caminhos para construção de novas narrativas sobre uma feminilidade negra pautada na ancestralidade africana.

Posicionar Cleópatra como símbolo africano da beleza feminina foi uma forma de pautar no jornalismo ativista as origens negras do Ocidente. Já que a rainha era africana, as mulheres de cor eram, por direito, as donas de uma beleza autêntica. Por que não Cleópatra?

A "LOUCA LUTA PELA BELEZA": PARADOXOS

O investimento em olhar para a comunidade negra em sua diversidade de cores e projetos, em vez de tratá-la como bloco homogêneo, foi fundamental para compreender a história do colorismo nos Estados Unidos. Praticada desde o século XVII, essa ideologia racial baseou-se nas diferenciações internas entre negros claros e escuros, culminando na formação da elite mulata, que foi a principal impulsionadora do jornalismo negro desde 1827.

Se, por um lado, o padrão de beleza era branco, diversos ativistas, jornalistas, empresários e consumidoras de cor reivindicaram e criaram uma nova mulher negra. Diferentemente da Mammy — retratada como uma mulher com a pele escura e trajes de doméstica, sempre

A GAROTA KASHMIR

pronta a servir[13] — essa nova mulher negra era urbana, educada, livre e comprometida com o progresso racial. Frente à segregação e ao racismo estadunidense no mundo livre, em 1924, a *The Messenger*, por meio de Chandler Owen, lembrava que "ser uma afro-americana bonita era ter o 'cabelo liso' e a 'pele boa' e que exceto pelas 'horrivelmente feias, escuras e deformadas', todas as pessoas estavam se atirando com unhas e dentes na 'louca luta pela beleza'". Baseada na ideia da supremacia da boa aparência mulata,[14] a afirmação do jornalista mulato era cada vez mais questionada na comunidade negra, principalmente pelas "pessoas escuras", que começavam a participar ativamente de movimentos como o garveyismo e outros afrocentrados, que culminaram em movimentos como o Black is Beautiful (Negro é lindo) dos anos 1960. Mas isso é uma outra história.

---

13 K. Sue Jewell, *From Mammy to Miss America and Beyond: Cultural Images and the Shaping of US Social Policy* [De Mammy a Miss América e além: A cultura das imagens a formação das políticas sociais dos EUA], 1993, p. 39.

14 Chandler Owen, "Good Looks Supremacy" [A supremania da boa aparência], *The Messenger*, março de 1924, p. 81.

6.

Negrophobia

Deixem o caráter, e não a cor, ser o primeiro requisito para admissão em qualquer casa, igreja ou círculo social, e um novo dia surgirá para dez milhões de pessoas.

Nannie Burroughs, 1904

"Não cor, mas caráter"

Na comunidade negra, circulavam expectativas e opiniões diversas acerca do consumo dos clareadores, fazendo do tema grande polêmica entre lideranças, empresariado e consumidoras. Nos anos 1920, o matemático Kelly Miller, autor do livro *Race Adjustment* [Ajuste racial], criticava a prática do *bleaching* como a "introjeção do desejo de se tornar branco". Mas, bem antes, o assunto já preocupava uma mulher da Raça.

Nannie Helen Burroughs, em 1904, externou seu descontentamento com os clareadores de pele em "Not Color But Character" [Não cor, mas caráter], seu artigo para *The Voice of the Negro*. Fundadora da National Training School for Girls and Women (Escola de Treinamento para Garotas e Mulheres),[1] a escola dos três bês (*Bible, Bath, and*

---

1 A National Training School for Women and Girls foi fundada em Washington, em 9 de outubro de 1909. Seu currículo incluía aulas de: treinamento vocacional; ciência doméstica;

HISTÓRIA SOCIAL DA BELEZA NEGRA

Broom — Bíblia, Banheira e Vassoura), Burroughs protestava indignada contra a *Negrophobia*. Achava a prática tão ruim e devastadora quanto o preconceito de cor entre os próprios negros. Nessa *Negrophobia*, destacava-se a "venda por atacado de clareadores de pele e alisantes de cabelo".

As consumidoras de *bleachings* eram seu principal alvo de críticas. Ainda que o racismo produzisse violências e feridas diárias, o uso de clareadores, na opinião de Burroughs, dizia respeito a uma só verdade: o desejo "de ter rosto branco e cabelos lisos". Como uma mulher negra retinta, a ativista refletia sobre os impactos da *Negrophobia* em sua vida. Sonhava em ser professora de Ciência Doméstica, vontade que nascia em razão de seu propósito de contribuir para o crescimento da comunidade negra, ajudando mulheres a melhorarem sua condição de vida por meio de trabalhos com remuneração justa. A despeito dos seus predicados, Burroughs enfrentou muitos preconceitos e barreiras por conta da pele escura, no entanto, soube transformá-los em inspiração e criou uma escola voltada a ensinar garotas de todos os tipos. [2]

O pensamento de Burroughs inseria-se em contexto mais amplo. Existiam, dentro da comunidade negra, práticas variadas de colorismo. Uma delas era a aplicação do *brown paper bag test* [teste do papel de pão] em pessoas que desejassem se associar a clubes negros. Para o *teste*, colocava-se o braço da ou do candidato em um saco de papel de pão. No caso de sua pele ser mais escura que a coloração do saco, a matrícula na agremiação ficava proibida. Nesses clubes também era

---

trabalho missionário, clerical e tipográfico; enfermagem domiciliar; costura; estética e cosmética; reparo de calçados; e agricultura. Além disso, eram ministradas aulas de gramática, literatura inglesa e latina, drama, oratória e educação física. Era também obrigatório para todas as estudantes o curso de história negra e o estudo da Bíblia. Biblioteca do Congresso, "Hidden Washington: A Journey Through the Alley Communities of the Nation's Capital" [Washington escondida: Uma jornada através das ruas na capital nacional]. Para saber mais: <https://www.loc.gov/loc/kidslc/live-hiddenwashington.html>.

2 "Discovering Hidden Washington: A Journey Through the Alley Communities..."

NEGROPHOBIA

muito comum pintar a porta de entrada de marrom e referenciar-se nessa tonalidade para autorizar ou não a entrada das pessoas.[3]

"Por que a cor significava tanto?", "existe alguma coisa que comprove que os negros claros são moralmente melhores que os *blacks*?", perguntava, de forma visionária, Nannie Burroughs, quase uma década antes da síndrome do *bleaching*. Ela também analisou o comportamento masculino, assinalando o fato de muitos homens negros casarem-se com mulheres pela sua cor "em vez do caráter". Segundo ela, admiravam as "mulheres com feições meio brancas", as mesmas "sem caráter" que criticavam negras casadas com brancos.

A situação de vulnerabilidade das mulheres de cor evidenciava-se. Os homens negros desconfiavam de sua índole, os brancos acreditavam que as caucasianas eram as únicas proprietárias de refinamento e cultura. "Devemos entender que alguns rostos claros possuem alma clara e que alguns rostos pretos possuem alma clara",[4] ponderou a ativista. O argumento construído na oposição claro e escuro como um contraponto entre céu e inferno sintoniza-se com sua religiosidade, já que Burroughs, além de ativista, exercia forte liderança na Igreja Batista.

Suas reflexões sobre as desigualdades de gênero e raça na comunidade religiosa estavam em construção. Em 1900, como secretária da Convenção Nacional Batista, a maior organização religiosa de mulheres afro-americanas no país, Burroughs discursou contra os preconceitos voltados às missionárias de cor em "How the Sisters are Hindered from Helping" [Como as irmãs são impedidas de ajudar]. Para superá-los, ela considerava fundamental que todos os homens reconhecessem que a feminilidade negra era tão sagrada quanto a branca.

"Por que a mulher de cor quer melhorar sua aparência? Por que não melhorar seu verdadeiro eu?" Ao enfocar suas reflexões no sagra-

---

3 Audrey K. Kerr, *The Paper Bag Principle: Class, Colorism, and Rumor in the Case of Black Washington* [O princípio do papel de pão: Classe, colorismo e boatos na Washington negra], 2006.

4 *Ibidem.*

HISTÓRIA SOCIAL DA BELEZA NEGRA

do, a autora mostrava aproximação com o pensamento de líderes da Raça Negra, como William Du Bois, que, em *As almas da gente negra*, assinalava:

> A beleza que lhe foi revelada era a beleza da alma de uma raça que o público mais amplo desprezava, e ele [negro] não podia articular a mensagem de nenhum outro povo. Esse desperdício de objetivos duplos, essa busca da satisfação de dois ideais irreconciliáveis, forjou uma triste devastação na coragem, na fé e nas atitudes de 10 milhões de pessoas, levando-as com frequência a cultuar falsos deuses e a invocar falsos meios de salvação, parecendo, às vezes, até torná-las envergonhadas de si próprias.[5]

Na compreensão de Burroughs, buscar resolver a "vergonha de si" usando *bleachings* para melhorar a aparência externa era um problema que "escurecia", "entortava" e "atrapalhava" a formação do caráter da Raça. As verdadeiras lutas espirituais deveriam ser em prol da retidão da vida e "brancura da alma".

"BELEZAS ARRUINADAS"

Duas décadas depois da publicação de "Não cor, mas caráter", muitas mulheres de cor concordavam com Nannie Burroughs sobre a relevância de manter a mente limpa e o coração puro da Raça, desvinculando do mau-caratismo a aparência escura. Todavia, apesar de concordarem com o pensamento da professora, muitas acreditavam que os *bleachings* eram aliados poderosos na luta pela afirmação da Raça Negra.

Foi esse o caso de Mary Vaughan. A partir de uma carta enviada do Tennessee para a *The Half-Century Magazine*, ela narrou seu calvário, iniciado após visitar uma "fábrica de pó compacto facial" que

---

5 William Du Bois, *As almas da gente negra*, 1989, p. 55.

NEGROPHOBIA

proibia convidados de entrar nas salas de fabricação cosmética. Burlando a proibição, ela viu muitos barris que continham um material "granulado". Curiosa para saber do que se tratava, Vaughan tocou com os próprios dedos o ingrediente, constatando ser impossível removê--lo sem água e sabão.

Tudo começou quando foi presenteada com uma amostra de pó compacto *light brown*. Ela decidiu experimentar, deixando para trás o anterior, que a acompanhava por muitos anos e "combinava perfeitamente" com sua "compleição" "sempre macia". Feliz com a troca, duas semanas depois de lambuzar o rosto com o conteúdo do produto comprado, sua pele ficou "áspera" e repleta de "espinhas e manchas pretas". Acreditando nas boas intenções da empresa, ela enviou correspondência relatando os problemas ocorridos, ao passo que obteve a seguinte resposta: era normal que essas coisas acontecessem quando mudava-se de um pó para outro. Confiante, seguiu os conselhos prescritos e adquiriu o sabonete e o creme de limpeza recomendados, pelo correspondente (que não assinara com seu nome a carta), como produtos que lhe trariam uma "pele mais bonita e macia que a de antes".

Diante das promessas não cumpridas e das crises de enxaqueca e neuralgia, Vaughan decidiu procurar um médico, que constatou que a razão para os problemas da paciente seria o uso dos artigos de toalete. O doutor afirmava que "sua pele parecia ter sido envenenada" e, dando continuidade ao atendimento, encaminhou uma amostra da maquiagem a um químico. Após gastar uma fortuna com médicos e tratamentos, a consumidora podia respirar aliviada, pois, finalmente, sua pele estava limpa. Ela, com a saúde restabelecida, concluía: "mesmo que viva por mais cem anos jamais porei novamente em meu rosto um pó fabricado por pessoas brancas, e tenho certeza de que nenhuma pessoa de cor, conscientemente, fabricaria um produto para danificar a pele feminina".[6]

---

6 Carta de Mary Vaughan, "An Unscrupulous Concern" [Um problema de falta de princípios], *The Half-Century Magazine*, abril de 1920, pp. 17-18.

HISTÓRIA SOCIAL DA BELEZA NEGRA

Outro caso, este com consequências extremas, foi o de uma leitora de Reno, Oklahoma, que denunciava a morte de uma jovem por tal utilização. A moça, dona de uma cor morena-jambo (*clear red-brown*), faleceu em decorrência do uso de um produto que prometia realizar seu grande desejo: embranquecer. Depois de usar um *bleaching* fabricado por uma firma branca, ela não só ficou mais clara como também mais magra e pálida que de costume. E, apesar dos cuidados médicos, viveu por pouco tempo.[7]

Nos documentos que pesquisei, as críticas eram mais às empresas brancas dedicadas a fabricar tais manufaturados do que ao uso de *bleachings* em si, o que é compreensível dentro do contexto de segregação racial e formação do capitalismo negro. A defesa do empresariado afro-americano aparece na fala de mulheres como Liane de Willt, uma leitora que tinha certeza de que empresas brancas não empregavam trabalhadores negros, porque não queriam que vissem as "terríveis coisas que misturam nas loções de toalete voltadas à população de cor".[8]

Escrevendo de Augusta, na Geórgia, sua afirmação baseava-se no fato de ter acompanhado de perto o descaso das empresas brancas com clientes negras, como ocorreu com uma de suas amigas. Ela era uma consumidora, com tom de pele um pouco mais escuro do que o desejado, que decidiu usar um *bleaching*. Como resultado, a pele ficou muito danificada. Somando-se à violenta situação, ao ser confrontada, a resposta da empresa foi: "você evidentemente não usou a pomada de acordo com as instruções". Convicta de que as companhias negras "não seriam sujas a ponto de colocar no mercado loções para arruinar a beleza de suas mulheres", a leitora afirmava a importância de pessoas negras financiarem negócios negros como estratégia de proteção racial.

---

7 Carta de H. L. B., "Bleaching Again" [Clareadores de novo], *The Half-Century Magazine*, maio-junho de 1921, p. 17.

8 Liane de Witt, "Safer To Patronize Your Own" [Mais seguro apoiar os seus], *The Half-Century Magazine*, fevereiro de 1920, p. 17.

NEGROPHOBIA

Seu depoimento vai ao encontro do pensamento de Claude Barnett. Constatando a inexistência de "rostos pretos" entre os empregados da Plough Chemical, o fotógrafo compartilhou seu choque em carta enviada à cosmetologista Annie Malone, em 1929.

A crítica às companhias brancas também foram registradas por outra seguidora da *The Half-Century Magazine*. Moradora de Chicago, sede da revista, Amos Turner assim contava sua indignação com os consumidores de cor que davam seu dinheiro à outra raça:

Prezado Senhor;

Eu fui informada por Abe ----- [*sic*] de certa firma branca desta cidade que produz artigos de toalete para pessoas de cor. No último ano, esta firma lucrou US$ 60.000. Reflita sobre isso. Quanto dinheiro lucrado por uma firma branca que não emprega sequer uma pessoa de cor como vendedor ou livreiro. Uma faculdade de administração desta cidade formou 150 homens e mulheres de cor e nenhum deles conseguiu um emprego. Não, eu não culpo as pessoas brancas por esse caso, mas é uma desgraça que nós sejamos desatentos, descuidados e ignorantes. Nós geramos de lucro US$ 60.000 por ano para uma companhia branca que não nos dará nem mesmo um emprego de US$ 0,10. Isso é um absurdo se considerarmos o número de companhias de cor que se esforçam em manufaturar produtos para pele e cabelo com qualidade superior que a de qualquer outro homem branco ou judeu que fabrique para a população de cor. Devemos nos ocupar e aprender a usar as coisas que ajudam no avanço de nossa Raça em vez de colocar nosso dinheiro na Casa-Grande por tanto tempo.

Atenciosamente, Amos Turner.[9]

---

9 Amos Turner, "Put On Your Thinking Cap" [Coloque o seu chapéu da reflexão], *The Half--Century Magazine*, novembro de 1919, p. 22.

"A garota de cor mais bonita dos Estados Unidos"

As polêmicas suscitadas pelo comércio dos *bleachings* parecem ter gerado receio entre empresários e jornalistas. Acredito que para protegerem seus negócios, uma solução encontrada foi abrir espaço para mulheres escuras na imprensa. Na mesma edição em que a *The Half-Century Magazine* divulga a morte da consumidora, a revista apresenta um "Trio de modelos atraentes" com peles mais escuras.[10]

A divulgação das inscrições do concurso Who's the Prettiest Colored Girl in the United States? [Quem é a garota de cor mais bonita dos EUA?] deu-se pela apresentação de fotografias de candidatas mulatas e pretas. Afirmando que cada lugar tinha sua beleza, garotas e mulheres de cor do país eram convidadas a enviar fotografias suas e de suas amigas, em preto e branco, acompanhadas de nome, endereço, data de nascimento e ocupação.

Nesse mês, a publicidade de alguns *bleachings* trazia mudanças sutis. O anunciante do High-Brown Savon De Luxe apresentava seu sabonete como artigo "de luxo, com fragrância agradável e deliciosa", suprimindo os comentários sobre a compleição presentes em propagandas anteriores. Essa sutileza, no entanto, dividia espaço com permanências representadas por uma propaganda da Ro-Zol — estrelada por uma mulher com pele branca e um homem de cor, que prometiam limpar qualquer "defeito indesejável" na compleição.

O discurso da pele defeituosa foi também o mote para anunciar um *tan-off* (desbronzeador) da Madam C. J. Walker, na *The Crisis*, em 1930:

> Não importa quão cuidadosa você seja, sua pele está sujeita a ter defeitos de um ou outro tipo ao menos uma vez [...].

---

10 "A Trio of Attractive Models" [Um trio de modelos atraentes], *The Half-Century Magazine*, maio-junho de 1921, p. 7.

> Para corrigir deformações comuns da pele, erradicar superfícies defeituosas, limpá-la completamente e clarear sua compleição positivamente, nada é melhor do que MME. C. J. WALKER TAN-OFF.[11]

O discurso de clarear, branquear, limpar e descolorir foi questionado por leitoras e por intelectuais como Nannie Burroughs e Francis Marion Dunford. Em 1924, duas décadas depois da missionária, o ativista proclamava: "seja bonita se puder, mas não queime seus miolos nessa tentativa".[12] Todo esse contexto fez com que, nos anos 1920, os clareadores chamassem cada vez mais a atenção da Associação Médica Estadunidense e, mais tarde, do Departamento de Comida e Fármacos (Food and Drug Administration) do país.

A fiscalização sanitária recebia incessantes denúncias de danos físicos (alergias, irritações, lesões, cicatrizes etc.) causados por concentrações excessivas de substâncias presentes nas fórmulas, como mercúrio, amônia, peróxido de hidrogênio, bórax, soda cáustica, entre outras.[13] Um dos motivos das complicações de saúde era o prolongamento do uso de produtos, que, muitas vezes voltados ao tratamento de sardas, manchas ou rugas, eram usados com outra finalidade: clarear a pele negra em uma lógica mais de resposta ao racismo do que de culpa ou responsabilização de consumidoras.

"TRAIDORES DA RAÇA"

Empenhada em comprovar que todas as mulheres eram femininas, independentemente da cor, a *The Half-Century Magazine* comentava que o consumo de *bleachings* refletia o mesmo espírito que fazia as

---

11 *Bleach Out the Blemishes* [Limpe as manchas], *The Crisis*, dezembro de 1930, s/p.

12 Francis Marion Dunford, "Conflicting Forces in Negro Progress" [Forças conflitantes no progresso negro], *Journal of Social Forces*, 1924-1925, p. 703.

13 Kathy Peiss, *Hope in a Jar* [Esperança em um frasco], 1999, p. 212.

HISTÓRIA SOCIAL DA BELEZA NEGRA

brancas "vestirem os mais ridículos figurinos de Paris". Intitulado "Betrayers of the Race" [Traidores da Raça], o editorial da revista, em fevereiro de 1920, advogava que as negras não deveriam ser condenadas como "todas as filhas de Eva", pois seu destino era serem "as mais elegantes".[14]

Francis Marion Dunford, no *Journal of Social Forces*, também queixava-se do sucesso alcançado pelos clareadores de pele, loções que agora dividiam as honras com os produtos antifrizz e que ocupavam as páginas dos muitos periódicos negros. Crítico do apagamento das características físicas negras nas propagandas de jornais negros de Massachusetts ao Texas, ele se referia a revistas tal qual *The Messenger* como espaços monopolizados por proeminentes membros da Raça com cabelos brilhantes, pele embranquecida e rosto feliz.[15]

Ligada ao socialismo,[16] a *The Messenger* — única revista negra radical dos Estados Unidos —, chegou a escolher modelos *blacks* para suas capas, mas usualmente priorizava mulatos, como os atores da Companhia de Teatro Lafayette de Nova York. A ode à pele clara continuou e, em setembro de 1924, a revista apresentou nas colunas "Beauties" [Beldades] e "Negro Life" [Vida Negra] apenas pessoas mulatas.

Em um dos anúncios da companhia de Madam Walker, compradoras retintas interessadas em conquistar a admiração masculina, "necessária ao matrimônio", liam: "poucas mulheres nascem bonitas,

---

14 "Betrayers of the Race" [Traidores da Raça], *The Half-Century Magazine*, fevereiro de 1920, p. 3.

15 Francis Dunford, "Conflicting Forces in Negro Progress" [Forças conflitantes no progresso negro], *Journal of Social Forces*, v. 3, 1924-1925, p. 701.

16 Em seu trabalho sobre o Renascimento do Harlem, David Lewis relembra que Philip Randolph e Chandler Owen, editores da *The Messenger*, foram os únicos afro-americanos a serem julgados e presos como propagadores do *perigo vermelho*. O socialismo de ambos rompia com a ideia de que tal doutrina fosse um fenômeno restrito aos brancos. Em agosto de 1918, um ano após seu julgamento, eles chegaram a ser considerados os mais "perigosos radicais da América". David Levering Lewis, *When Harlem was in Vogue* [Quando o Harlem estava na moda], 1997[1ª ed., 1979], p. 17.

mas todas podem alcançar isso". E, se continuassem folheando a revista, encontrariam modelos de beleza para se referenciarem, como as "populares jovens do Missouri".

A *The Messenger* noticiava outras campanhas de *bleachings* da companhia de Walker. Com o título "Men Prefer Beauty" [Os Homens Preferem Beleza], o comercial trazia uma moça branca ensinando que o talento, as roupas e a personalidade seriam apenas uma parte do trabalho que trazia como prioridades o cuidado da pele e do cabelo.

"A CHAVE PARA O SUCESSO"

O estímulo ao cuidado estético por meio da publicidade cosmética articulava-se à intensa divulgação de imagens dos representantes da pigmentocracia, como os membros da "AfrAmerican Academy" (Academia AfrAmericana). Ali estavam figuras de grande reputação, como Alice Dunbar-Nelson, uma das mais talentosas colunistas da imprensa negra; Drusilla Houston, a consagrada escritora de poemas e ensaios sobre a história dos etíopes no Novo Mundo; Evelyn Ellis, estrela da peça *Porgy*[17] e estudante do Hunter College, posando ao lado do filósofo Alain Locke; Clarence Cameron White, integrante da lista dos mais importantes compositores e violinistas dos Estados Unidos; e outros mais.

Na *The Messenger*, a conexão entre mulatice e progresso racial expressava-se também na constante exibição de grupos de prestígio, como as líderes da sociedade de Richmond, da Virgínia, ou as "brilhantes e populares" Sra. E. C. Randolph, Srta. Ruth Hucles e Srta. Anita Evans. Mulheres que, mesmo sendo trabalhadoras — respecti-

---

17 *Porgy: Uma peça em quatro atos* estreou em 1927 no Guild Theatre, em Nova York. Sob direção de Dorothy Heyward e DuBose Heyward, o espetáculo é uma adaptação do microrromance homônimo de DuBose Heyward. A obra conta a história de Porgy, homem negro portador de deficiência, morador de um bairro pobre de Charleston, na Carolina do Sul. Ele faz de tudo para resgatar a amada Bess do traficante de drogas Sporting Life, seu amante violento e possessivo.

HISTÓRIA SOCIAL DA BELEZA NEGRA

vamente, professora, médica e secretária-executiva —, encantavam todos nos círculos sociais e literários. Elas foram retratadas pelo editorial como um "buquê de belezas nova-iorquinas".

Em 1924, a revista seguiu as homenagens a mulheres de cor com o quadro "Exalting Our Womanhood" [Exaltando nossa feminilidade] e por meio da apresentação de jovens cultas de Washington, como a Srta. E. Brown, popular estudante de ensino médio, apresentada ao lado de algumas senhoras de Chicago. A mesma associação entre pele clara e sucesso repetia-se com 36 mulatas apresentadas. Entre elas estavam: Hazel K. Lucas, secretária do escritório da NAACP, em Charleston; Srta. Dorothy Coleman, beldade popular de Baltimore; Sra. Clarence A. Jones, estudante na Faculdade de Artes e Ciências, na Ohio State University; Sra. Sade S. Cole, vice-presidente da NAA-CP, nascida em Los Angeles; e Sra. Gertrude Chrisman, professora do Departamento de Oportunidades para estrangeiros das Los Angeles City Schools.

A metáfora da "chave para o sucesso", escolhida por A'Lelia Walker para anunciar os produtos de cabelo criados por Madam Walker e o seu *tan-off*, foi muito bem pensada. Estava em sintonia com os anseios políticos e sociais que norteavam a vida de mulheres negras, ou, nas palavras da Associação Política de Mulheres, dizia respeito à "necessidade gritante de educação e caráter para que mulheres negras assumam os reinos da liderança na vida política, econômica e social da sua gente".[18]

---

18 "Women's Political Association" [Associação política de mulheres], *The Messenger*, julho de 1918, p. 26. A matéria encerrava-se com a frase: "Today a woman without Knowledge, is without beauty" [Hoje uma mulher sem conhecimento não tem beleza].

7.

MULHERES DA RAÇA:
ANNIE MINERVA TURNBO MALONE

REPUGNANTES "NATURAIS"

Em 1968, Shirley e K. Williams mantinham a forte tradição de participação feminina na imprensa negra e, na condição de leitoras, enviaram suas opiniões por meio de cartas para a *Ebony Magazine*:

> Cada vez que ando na rua e vejo uma mulher negra usando um daqueles repugnantes [cabelos] "naturais", sinto-me tão humilhada que poderia chorar.
> Estou tentando criar minhas filhas com orgulho da sua Raça por meio de suas conquistas, não por suas cabeleiras lanosas. Tudo o que os [cabelos] naturais fazem é acentuar o lado negativo [da Raça].[1]

Produzidas no auge da luta por direitos civis afro-americanos, as reflexões das leitoras evidenciam uma longa história na qual a cosmética negra voltada à correção de "defeitos" da pele e do cabelo

---

1 Cartas de Shirley A. Drake e K. E. Williams à *Ebony Magazine*, março de 1968, citado por Maxine Leeds Craig, *Ain't a Beauty Queen?* [E eu não sou uma rainha da beleza?], 2002, p. 36.

HISTÓRIA SOCIAL DA BELEZA NEGRA

representou papel fundamental. Para mulheres negras nascidas e criadas no período do Jim Crow, os novos tempos dos cabelos afro e punhos cerrados eram perigosos. Um "repugnante" ataque ao passado, protagonizado por filhas, netas e sobrinhas que, referenciadas na ancestralidade africana, rompiam com a tradição de alisantes e *bleachings* usados por mães, avós e tias. Foram ativistas pregressas que, dentro de sua realidade, fizeram um trabalho fundamental em prol do orgulho, igualdade e progresso raciais.

Inspirado pela pesquisa da documentação publicitária de empresas fundadas e comandadas por mulheres negras e de cosmetologistas que se autodefiniam empresárias da Raça — especialmente, Madam C. J. Walker, proprietária de empresa homônima, e Annie Turnbo Malone, criadora da Poro Hair Beauty Culture —, este capítulo é um passeio pela história da cosmética negra direcionada aos cuidados capilares.

Cabelos: "Cuidado permanente"

Assim como a pele, o cabelo foi alvo de atenção constante da imprensa e da cosmética, ocupando o lugar de símbolo político para construção de representações da nova mulher negra. Ao comparar os dois tipos de publicidade, percebi uma diferença importante. Enquanto as propagandas de *bleachings* costumavam pautar-se na narrativa de "melhores oportunidades profissionais", as de produtos capilares tratavam da construção de uma imagem pública respeitável.

Considerando a maioria esmagadora de *blacks* na comunidade negra (aproximadamente 80%, contrastando com 20% de mulatos, com poucas variações entre 1850 e 1920), o clareamento, embora bastante disseminado, também era visto por muitas pessoas retintas como um sonho irrealizável. Já a "melhoria" dos cabelos figurava como algo mais democrático, possível para todas as pessoas negras, independentemente da tonalidade da pele, como vemos na propaganda

MULHERES DA RAÇA

do tônico capilar Hartona: "incomparável no alisamento de todas as carapinhas, teimosas e ásperas".[2] Sempre de olho em ampliar a clientela, cosmetologistas e publicitários ressaltavam a diversidade de cabeleiras crespas e a disseminavam por meio de anúncios com desenhos, descrições de tipos capilares e outras lições, uma cultura do cuidado permanente de si.

A publicidade da indústria do cabelo permite pensar como mulheres retintas construíam suas referências de sucesso por meio do contato com histórias como as de Madam C. J. Walker — empresária bem mais escura do que as mulatas estampadas em jornais e revistas — e mesmo de Annie Malone — que, embora mais clara que Walker, também podia ser considerada escura em relação a mulatas como Fannie Barrier Williams. A observação dessas narrativas permite ampliar horizontes sobre cabelos afro, tranças e *dreadlocks* como únicas estilizações negras autênticas e legítimas.

A história do alisamento capilar entre mulheres negras costuma ser tratada a partir de uma perspectiva do *pretômetro*, que atribui maior ou menor grau de consciência racial por meio de julgamentos baseados em modelos físicos e comportamentais idealizados. Essa é uma interpretação que se refere ao problema do racismo julgar antes de conhecer e interpretar. Pensei sobre isso vendo os catálogos de empresas e lojas de departamento brancas, como a Bloomingdale's e a Sears, que, entre 1880 e 1890, ofereciam às clientes pentes quentes e rolos de cabelo, com direito a testes gratuitos dos produtos.

O alisamento foi uma política do cabelo hegemônica na comunidade afro-americana até 1950, quando o estilo "natural" começou a se difundir entre os jovens pertencentes a movimentos negros de contracultura. O novo posicionamento foi questionado por diversas pessoas da comunidade negra, como as leitoras da *Ebony Magazine* e o pai Eugene Allen, que entrou em choque ao ver o filho chegando

---

2 "Hartona, a maior de todas as loções para o cabelo", *The Colored American Magazine*, fevereiro de 1901, p. 321.

HISTÓRIA SOCIAL DA BELEZA NEGRA

em casa de *black power*, como retratado no filme biográfico *O mordomo da Casa Branca*.[3]

Para essas pessoas, os repugnantes cabelos "naturais" comprometiam o trabalho de resgate da dignidade e da reconstrução da feminilidade negra, o que exigia "cuidado permanente", como haviam aprendido no início do século XX com a publicidade de Madam C. J. Walker.

"ATENÇÃO, MULHERES AMBICIOSAS!"

Em 1922, Annie Minerva Turnbo Malone expressava sua alegria e seu compromisso com o progresso das mulheres de cor:

> Setenta e cinco mil mulheres da Raça espalhadas pelo mundo tornaram-se agentes da Escola Poro. Essas participantes da "Incrível Poro Organization" têm sido beneficiadas por meio dos lucros derivados da empresa. Milhares delas prosperaram em razão da prática do Sistema Poro de Cuidados, cientificamente comprovado, do cabelo e da beleza.[4]

Criada em 1902, na cidade de Saint Louis, pela Sra. Annie Malone, a Poro Hair Beauty Culture, a "única e mais completa instituição negra nestes moldes do mundo", foi uma das primeiras empresas a implementar um sistema de representação comercial para trabalhadoras de cor. Embora pouco falado, há evidências de que Madam C. J. Walker iniciou sua carreira nos negócios de cabelo *black* como revendedora da Poro.[5] A relação entre as empresárias revela uma história intelec-

---

3 *O mordomo da Casa Branca* (*The Butler*). Direção de Lee Daniels. 2h16. 2013.

4 "Poro's Economic Advantages" [As vantagens econômicas da Poro], *Poro Hair and Beauty Culture*, 1922, p. 9.

5 Ayana D. Byrd; Lory L. Tharps, *Hair Story: Untangling the Roots of Black Hair in America* [História do cabelo: Desembaraçando as raízes do cabelo negro dos Estados Unidos], pp. 72-99.

MULHERES DA RAÇA

tual de cosmetologistas negras, marcada pelo ativismo, trabalho, criatividade e também por disputas de projetos, lugares e memórias.

Se o esforço de Walker em aliar o cuidado estético à obtenção de melhores empregos possibilitou que milhares de mulheres negras tivessem um salário mais justo,[6] o mesmo se observa na empresa de Annie Malone, que se referia às suas revendedoras como as dedicadas Race Women [Mulheres da Raça]. Esse reconhecimento alinha-se aos propósitos da marca, que articulava o uso de uma linguagem universal ("a Poro College é consagrada à elevação da humanidade") e ao destaque de mulheres negras: seu objetivo era contribuir para o melhoramento econômico e existencial, especialmente, das Mulheres da Raça.[7]

A pesquisa do catálogo de produtos da Poro contribuiu para contextualizar os discursos capitalistas de valorização do trabalho feminino construídos pela empresária:

Atenção, mulheres ambiciosas!

Vocês querem uma profissão lucrativa?
Vocês querem melhorar sua condição?
Vocês querem aumentar seu salário?
Vocês querem servir?

SE SIM, ESCREVAM HOJE

Precisamos de mais revendedoras para atender as
demandas da Indústria Poro.[8]

---

6 Darlene Stille, *Madam C. J. Walker: Entrepreneur and Millionaire* [Madame C. J. Walker: Empreendedora e milionária], 2007, p. 13.

7 "Poro's Economic Advantages" [As vantagens econômicas da Poro], *Poro Hair and Beauty Culture*, 1922, p. 9.

8 "Attention, Ambitious Women" [Atenção, mulheres ambiciosas], *Poro Hair and Beauty Culture*, 1922, p. 42.

HISTÓRIA SOCIAL DA BELEZA NEGRA

Como Annie ensinava, para ser uma Mulher da Raça era necessário ter ambição e balançar elegantemente a cabeça dizendo sim ao trabalho, ao dinheiro e a uma vida melhor. Nascida na pequena cidade de Metrópolis, em Illinois, ela, a décima de uma família com onze filhos, sabia como superar as adversidades. Após abandonar os estudos por falta de recursos e problemas de saúde, a moça começou a trabalhar com cabelos no final do XIX. Em 1900, aos 31 anos, ela, que em seu ensino médio amava as aulas de Ciências Físicas, voltou a estudar Química e mudou-se para Lovejoy, na Geórgia. Essa foi a cidade que escolheu para abrir seu laboratório de preparação de produtos capilares, aberto com investimento inicial de US$ 5. Grande empreendedora, Annie foi uma das criadoras das primeiras versões de pentes quentes para a comunidade negra.[9]

Visitando as clientes de porta em porta e oferecendo amostras grátis, a química convencia mulheres de cor sobre a eficácia de loções, como o seu Wonderful Hair Grower[10] — foi assim que conheceu Sarah Breedlove. Satisfeita com os resultados, a futura Madam Walker tornou-se uma das revendedoras de Sra. Malone em Saint Louis, em torno de 1903, mantendo-se no trabalho mesmo após mudar-se para Denver, Colorado, dois anos depois.[11]

As promessas milagrosas do produto de Malone fizeram a cabeça de muitas mulheres negras. A maior prova disso foi a fundação do prédio da Poro Hair & Toillet Preparations em 1906, em Saint Louis. O tamanho do empreendedorismo de Annie também foi sentido em 1917, quando comprou uma quadra inteira da cidade para expandir seu negócio. Um verdadeiro complexo onde se destacavam a fábrica e a menina dos olhos da empresária: a Poro College. Primeira insti-

---

9 Para saber mais: <nmaahc.si.edu/explore/stories/collection/sizzle>.

10 Como veremos, Wonderful Hair Grower será o nome do principal produto comercializado na Madam C. J. Walker Manufacturing Co., concorrente da Poro.

11 Darlene Stille, *Madam C. J. Walker: Entrepreneur and Millionaire* [Madam C. J. Walker: Empreendedora e milionária], 2007, p. 39.

MULHERES DA RAÇA

tuição de beleza para estudo e ensino de cosmetologia negra, a escola foi o resultado de anos de trabalho duro da fundadora, que, com vida e personalidade entrelaçadas ao seu negócio, formou milhares de cabeleireiras, barbeiros, culturistas e esteticistas de diferentes partes do país.

Abaixo da planta do prédio observamos seu império: o prédio da Poro College, o anexo e o edifício-garagem da empresa, com equipamentos que custaram, respectivamente US$ 550 mil, US$ 168 mil e US$ 32 mil, totalizando o investimento de US$ 750 mil.[12] Entre as dependências da promissora firma, figuravam salão de beleza, auditório, cafeteria, refeitório, dormitório, quarto de hóspede, além do apartamento no qual viviam Sr. e Sra. Malone. Já o suntuoso prédio anexo abrigava lavanderia, padaria, departamento de publicidade, além dos laboratórios e estoque dos produtos.[13] Juntos, esses diferentes espaços — que incluíam um teatro, onde se promoviam concertos musicais de Roland Hayes e Bessie Smith[14] — transformaram a Poro em um grande centro cultural para a comunidade afro-americana da cidade.

Estima-se que a sede da companhia empregou duzentas pessoas. Quanto à rede de revendedoras comerciais, é difícil precisar, mas o livro da empresa fala em "75 mil Mulheres da Raça espalhadas" por países como os Estados Unidos, Cuba, Bahamas, Nova Escócia e Canadá. São informações coerentes com o discurso de independência econômica e afirmação racial propagado pela empresa.

De forma diferente das líderes da pigmentocracia, Annie Malone contribuiu para construir uma nova imagem de mulher da Raça, projetada para as mulheres retintas das classes trabalhadoras que,

---

12 "The Present Home of the Poro Hair and Toilet Preparations" [O lar da Poro Loções para Cabelo e Toalete], *Poro Hair and Beauty Culture*, p. 7.

13 "Plant and Personnel" [Planta e pessoal], *Poro Hair and Beauty Culture*, p. 10.

14 Otha Richard Sullivan, "Annie Minerva Pope Turnbo-Malone" in *African American Millionaires: Black Stars* [Afro-americanos milionários: Estrelas negras], 2005, p. 34.

graças a instituições como a "Incrível Organização Poro Organization", tornaram-se conscientes de sua força latente. Conquistaram o direito de estudar para tornar sua vida útil, desenvolver proficiência, encorajar o comércio e a indústria, adquirindo casas, provendo famílias e educando as crianças.[15]

Como vendedoras, secretárias, empacotadeiras, telefonistas, cozinheiras, as funcionárias *blacks* que trabalhavam ao lado de colegas — caminhoneiros, carregadores e marceneiros —, sentiam-se felizes e altamente agradecidas pelas realizações profissionais e pelos resultados que o trabalho na Poro proporcionava.

Otha Sullivan afirma que, em 1920, a fortuna de Annie Malone girava em torno de US$ 14 milhões.[16] De acordo com a autora, em virtude das consequências da Grande Depressão e do complicado processo de divórcio, a empresária transferiu seus negócios para Chicago. Nas décadas seguintes, devido a problemas com a Justiça ligados à cobrança de impostos abusivos e à partilha dos bens com o ex-marido, seus negócios entraram em crise. Nos anos 1950, o governo assumiu o controle da Poro. Annie Minerva Turnbo Malone morreu em 1957, com 85 anos, e um patrimônio de US$ 100 mil. Sua inteligência e coragem, assim como a originalidade do seu empreendedorismo focado nas Mulheres da Raça, foram certamente uma grande fonte de inspiração para Madam C. J. Walker e milhões de afro-americanos da época.

---

15 "Poro's Economic Advantages", *Poro Hair and Beauty Culture*, p. 9.

16 Otha Richard Sullivan, "Annie Minerva Pope Turnbo-Malone", 2005, p. 34.

8.
Da cabana à mansão: Madam C. J. Walker

Fui para Denver, Colorado, e comecei minha carreira com um capital de US$ 1,25. Comecei, é claro, de uma forma mais modesta. Sondava as pessoas da minha raça batendo de porta em porta. Depois disso, fui muito bem. Mas, claro, encontrei muitos obstáculos antes de finalmente alcançar o verdadeiro sucesso. Eu não acredito em ganhar chances. Nunca peguei uma numa prateleira de supermercado. Não sou uma milionária, mas espero ser um dia, não por causa do dinheiro, mas porque poderei fazer muito para ajudar minha raça.

Entrevista com Madam C. J. Walker,
The New York Times Magazine, 1917

Nascida Sarah Breedlove (1867-1919) e natural da cidade de Delta, Louisiana, aos 7 anos de idade, perdeu os pais, Owen e Minerva Breedlove, para a febre amarela, que, devido às desigualdades raciais, afetou drasticamente a comunidade afro-americana. Tendo de se adaptar à dura realidade da orfandade no Sul segregacionista, assim como a maioria das negras sulistas, Sarah dedicava-se aos trabalhos domésticos de cozinhar, lavar e passar, com jornadas abusivas e remunerações baixíssimas. Aos 17 anos, havia se casado e dado à luz

HISTÓRIA SOCIAL DA BELEZA NEGRA

A'Lelia, sua única filha. Trabalhadora, para sustentar a si e à menina, a jovem mãe enfrentava diversas opressões como uma mulher negra, viúva, mãe e pobre. Como vimos, encontrou abrigo na Poro, de Annie Malone, mas, na mesma época, enquanto trabalhava também como diarista, um fato surpreendente mudaria seu destino.

Um dia, Sarah, que estava ficando careca, sonhou com um homem negro revelando-lhe uma fórmula para combater a queda de cabelo. Para confirmar se o segredo espiritual era verdadeiro, a jovem começou a testar a receita em amigos, vizinhos e familiares. Para alegria de todos, a misteriosa fórmula funcionava. Com a mesma rapidez que os cabelos cresciam, Sarah reinventava-se.

A empresária mudou seu nome de Sarah McWilliams, sobrenome de seu primeiro marido, para Madam C. J. Walker em 1906, quando fundou sua companhia. Viúva de Moses McWilliams desde 1888, Sarah casou-se com Charles Joseph Walker, respeitado homem da imprensa negra de Saint Louis. Além da mudança de sobrenome, ela também decidiu se autonomear "Madam", em razão da associação do título à ideia de "elegância" na sociedade estadunidense. Ser chamada de "madame" lhe transmitiria uma "aura de dignidade e autoridade, distanciando-a do estereótipo da Aunt Jemima, imposto a mulheres negras gordas retintas".[1] Assim, mundialmente consagrada como a primeira milionária negra da história dos Estados Unidos, ela ergueu um poderoso império de cosmética negra.

"PERSEVERANÇA É MEU MOTE"

A saga de Madam C. J. Walker é parada obrigatória na história dos Estados Unidos. Ícone da cultura nacional, empresária e cosmetologista, Madam difundiu potentes conexões entre a afirmação racial e

---

1 Darlene Stille, *Madam C. J. Walker: Entrepreneur and Millionaire* [Madam C. J. Walker: Empreendedora e milionária], 2007, p. 40.

as políticas do cabelo, evidenciando o papel central das mulheres na luta por direitos civis. Sua figura é tão popular e cara ao discurso de empoderamento, que no ano de 2020 a Netflix produziu a minissérie *Self Made: A vida e história de Madam C. J. Walker*, exibida no Brasil e baseada na biografia produzida pela tataraneta da empresária, A'Lelia Bundles.

Seu poder de mobilizar, organizar e inspirar é bem entendido neste exemplo: um telegrama foi enviado por suas agentes, que estavam organizadas na União Nacional de Representantes Walker, criada por Madam, ao então presidente dos Estados Unidos, Woodrow Wilson, em 1916:

> Nós, representantes da Convenção Nacional de Representantes da Madam C. J. Walker, que, em larga medida, representamos 12 milhões de negros, sentimos a injustiça feita contra nossa Raça e nosso país por meio dos linchamentos em Memphis, Tennessee e do horrível massacre na cidade de East Saint Louis. Sabendo que ninguém no mundo é mais leal e patriótico do que o povo de cor dos Estados Unidos, nós, respeitosamente, registramos nosso protesto contra a manutenção de injustiças errôneas e pedimos que o senhor use de sua influência, como presidente dos Estados Unidos, para que o Congresso reconheça a necessidade de criar leis que previnam a recorrência de tais atitudes desonradas.[2]

Ao longo de sua história empresarial, Madam C. J. Walker destacou-se também como grande ativista, proferindo discursos e participando de campanhas antirracistas, como o Protesto Silencioso contra o Massacre de East Saint Louis. Assinou, ao lado de William Du Bois e James Weldon, uma petição que exigia a criminalização dos linchamentos e estava entre os integrantes da comitiva de líderes do Harlem

---

2 Telegrama enviado ao presidente Woodrow Wilson em 1916, citado por A'Lelia Bundles, *On Her Own Ground* [Em sua própria terra], 2002, pp. 212-13.

HISTÓRIA SOCIAL DA BELEZA NEGRA

que foram à Casa Branca reivindicar ao presidente Wilson um posicionamento contra o Horror de Waco[3] e os demais ataques aos negros estadunidenses. Fortalecendo a tradição afro-americana de investimento na própria comunidade, ela apoiou financeiramente inúmeros projetos voltados à educação e financiou estudos de jovens em escolas negras, como o Instituto Tuskegee, no Alabama, e o Palmer Memorial Institute, em Sedalia, Carolina do Norte. Quanto à preservação da memória negra, em 1918, Madam Walker foi uma das doadoras que subsidiou a transformação da casa de Frederick Douglass em museu, um projeto da National Association of Colored Women [Associação Nacional de Mulheres de Cor]. Também fazem parte de sua história filantrópica expressivas colaborações para organizações, como a Associação Cristã de Moços (ACM) e a própria NAACP.

Através da Madam C. J. Walker Manufacturing, Walker desenvolveu estratégias de marketing, colocando em prática princípios de responsabilidade corporativa e oferecendo treinamentos especializados. Entre suas funcionárias, havia um seleto grupo que recebia formação para assumir papéis de liderança na empresa. Ao exercer funções como gerenciar, ensinar e organizar, elas recebiam o salário de US$ 125 por mês, quando a maioria das mulheres negras empregadas no ramo das atividades domésticas ganhava em média US$ 30 mensais. A própria Walker relembrava que nos seus tempos de lavadeira e cozinheira recebia essa baixíssima remuneração. Apesar do forte legado político e da constituição de um patrimônio milionário, permanece um mistério a forma como Madam Walker — a primeira

---

3 O Horror de Waco foi o episódio de ódio racista na cidade de Waco, Texas, que assassinou Jesse Washington, um jovem de 17 anos. Acusado de matar a esposa de seu patrão branco, Jesse, apesar da ausência de testemunhas, foi obrigado a assinar uma confissão que o incriminava. Foi condenado à morte, em 15 de maio de 1916, após uma deliberação de 4 minutos por parte dos jurados. Ao sair da Corte, uma multidão branca enfurecida sequestrou o rapaz, levando-o a uma praça pública. Jesse foi acorrentado, espancado, esquartejado e, por fim, queimado em uma fogueira. Todo o espetáculo de ódio racial foi registrado por um fotógrafo profissional e alcançou a imprensa dos Estados Unidos, o que gerou uma campanha liderada pela NAACP pelo fim do regime do Jim Crow, dos linchamentos e em defesa do movimento dos direitos civis dos afro-americanos. Para saber mais: <www.wacohistory.org/items/show/55>.

DA CABANA À MANSÃO

pessoa nascida livre na família Breedlove — enriqueceu em pouco mais de uma década.

Minha ideia não é decifrar o enigma, mas apresentar aspectos de sua trajetória que nos ensinam sobre o uso criativo da posição de marginalidade[4] por parte das mulheres negras, com destaque para sua perspicácia em transformar o mercado do cuidado capilar em um negócio altamente lucrativo, baseado em conexões entre beleza e política. Isso é demonstrado pelas cifras de sua companhia, comentadas na instigante matéria do *The New York Times*, em 1917: "Wealthiest Negro Woman's Suburban Mansion" [A mansão da mulher negra mais próspera do subúrbio].

Com o rápido progresso, em 1917, a empresária construiu uma mansão de três andares com vinte cômodos, entre quartos, banheiros, salões, piscina e varandas, em Irvington, uma rica região às margens do rio Hudson, próxima à cidade de Nova York. Assinada por Vertner Woodson Tandy, primeiro arquiteto negro licenciado no estado de Nova York e formado no Instituto Tuskegee, a propriedade de Madam C. J. Walker, que empregava oito criados, incluindo mordomo, sub--mordomo e chefe de cozinha, ficou conhecida como Villa Lewaro. Estima-se que em sua construção tenham sido gastos US$ 250 mil, além dos US$ 500 mil de despesas de mobiliário, que incluía um órgão automático, orçado em US$ 8 mil.

Madam Walker foi grande financiadora de projetos de elevação racial, tanto quanto outras empresárias, como Annie Malone. No entanto, acredito que seu destaque se dá pelo fato de ter investido, desde o início da carreira, em seu talento para oratória. Em diversas ocasiões, ela proferia palestras narrando publicamente sua história, a de uma heroína tão perseverante quanto Frederick Douglass, a quem admirava como um "grande orador", ou quanto Paul Laurence Dunbar, grande poeta da Raça. Dentro de ampla rede empresarial, ela criava narrativas que realçavam a sua excepcionalidade como uma "Race

---

4 Patricia Hill Collins. "Aprendendo com a *outsider within*: A significação sociológica do pensamento feminista negro". *Revista Sociedade e Estado*, v. 31, n. 1, abril 2016. <www.scielo. br/pdf/se/v31n1/0102-6992-se-31-01-00099.pdf>.

Wonder Woman" [Mulher Maravilha da Raça], título de uma das propagandas veiculadas após sua morte em 1919.

Driblando o preconceito de gênero que o *establishment* masculino negro impunha, Madam C. J. Walker foi uma das convidadas da convenção da National Negro Business League [Liga Nacional de Negócios Negros] (NNBL). Foi apresentada com toda pompa por ninguém menos que Booker T. Washington, presidente e fundador da organização: "Eu agora tenho o prazer de apresentar à Convenção uma das mais progressistas e famosas mulheres da nossa Raça." Aproveitando a oportunidade, brilhou no palanque, fazendo um discurso alternativo às políticas falocêntricas do nacionalismo negro:

> Sou uma mulher que veio dos campos de algodão do Sul. Lá, fui promovida ao tanque de lavar roupa [e depois] à cozinha. [Da cozinha,] eu me autopromovi ao mundo empresarial dos manufaturados e produtos para cabelo e beleza [...]. Construí minha própria fábrica na minha própria terra.[5]

Com essa postura, que desafiava os sistemas normativos, faz sentido que, entre os anos 1910 e 1920, um dos principais anúncios de sua empresa se intitulasse "From Cabin to Mansion" [Da Cabana à Mansão].

Para convencer as leitoras da eficácia dos seus produtos de beleza, a companhia evocava a metáfora da *ascensão*, a mesma usada por Walker no aclamado discurso na National Negro Business League [Liga Nacional de Negócios Negros] e que conectava os mundos escravo e livre, pela ideia da autopromoção de "escrava à líder social". Ao se autodefinir como liderança política, a empresária diferenciava-se de suas concorrentes, focadas em descrever apenas o seu sucesso financeiro.

Apesar de Annie Malone ter sido pioneira na implementação de um sistema de vendas de porta em porta para trabalhadoras negras,

---

5 Fragmento do discurso de Madam C. J. Walker associado à sua participação na Convenção da NNBL, em julho de 1912, em Washington, D.C., disponível em: <www.madamcjwalker. com/>. Ver: Linda C. Gugin e James E. St. Clair. *Indiana's 200: The People Who Shaped the Hoosier State*. Indianápolis: Indiana Historical Society Press, 2015, p. 361.

DA CABANA À MANSÃO

Walker discursava na tribuna da convenção, ensinando a suas funcionárias que, para atingir os mais altos degraus da vida, ela mesma precisou "descer e dignificar o trabalho". E que, graças ao seu esforço, "as melhores mulheres da Raça estavam engajadas nesta linha comercial, muitas como suas empregadas".[6]

O contraste entre as fotografias da cabana de Delta e da mansão de Villa Lewaro reforçava a ideia de uma ascensão social "da pobreza ao melhoramento da Raça". Já os retratos de Madame Walker e sua filha, A'Lelia, serviam de exemplo para aquelas que tinham dúvidas se beleza e sucesso poderiam ser, também, das mulheres negras. "Não havia desculpa para não tê-los", pois, usufruindo os produtos e loções da marca, a consumidora conquistaria a desejada compleição amável, mas, sobretudo, um belo cabelo. Novamente evocando as relações de complementaridade entre pele, madeixas e sucesso, ela reforçava a importância do cuidado físico para a garantia de respeito e reconhecimento financeiro. Posicionamentos como esse, que articulavam trabalho e boa aparência, dimensionam, assim como em Annie Malone, outros sentidos atribuídos ao título de mulher da Raça. Sentidos que extrapolavam a pigmentocracia, conforme reivindicavam Fannie Williams, Mary Terrell, representantes do *décimo talentoso feminino*.

Uma segunda propaganda, mais elaborada do que a que acabamos de conhecer, aproxima-nos das estratégias publicitárias que a empresa utilizava para manter-se como campeã de mercado. E põe-nos, também, diante das artimanhas que a equipe, à ocasião conduzida por A'Lelia Walker, usava para diferenciar a empresa e seus produtos das concorrentes. A campanha, feita como uma história em quadrinhos, intitulava-se "Madam C. J. Walker: Race Wonder Woman" [Madam C. J. Walker: Uma Mulher Maravilha da Raça], e nela nós, e as consumidoras, podemos conhecer em mais detalhes a vocação da negociante para o sucesso.

Homenageada como uma "Mulher Maravilha da Raça", Madam tinha sua história reconstituída, seis anos após sua morte, através de figuras e pequenos textos que ressaltavam sua habilidade para os ne-

---

6 Fragmento do discurso de Madam C. J. Walker proferido na Convenção da NNBL, em julho de 1912, citado por A'Lelia Bundles, *On Her Own Ground* [Em sua própria terra], 2002, p. 149.

gócios. Além disso, o comercial evocava sua capacidade de dignificar uma profissão, como a própria fundadora havia destacado em seu discurso para a Liga Nacional de Negócios Negros, em 1912. Só que, dessa vez, o comercial afirmava que o trabalho da empresária "levantou" não só as mulheres (como ela adorava dizer), mas "todo um povo".

Além da autonarrativa de empresária dos cosméticos, dona de visão global, o que lhe rendeu viagens a Cuba, ao Panamá e às Bahamas, seu discurso também baseava-se em se afirmar como mãe dedicada. Uma viúva que, mesmo passando por grandes dificuldades, educou sua filha de forma exemplar. O êxito foi tanto que A'Lelia tornou-se a responsável pelos negócios da família em Pittsburgh. A essas imagens de mulher negra de sucesso público e pessoal, Madam Walker articulava mais duas: a de cristã, que tinha na "Bíblia seu principal guia" e a de estudante esforçada — a ponto de contratar uma professora-tutora, para ampliar sua limitada formação na juventude e instruir-se absorvendo as obras-primas da literatura durante sua vida tardia.

Esse enorme interesse pelo melhoramento da humanidade e da sua raça foi detalhado na história em quadrinhos, com imagens e frases que fortaleciam, na mente e no coração das leitoras, a certeza de que Sarah Breedlove era uma grande madame negra, digna do título "Mulher Maravilha da Raça".

"NÃO É SORTE, E SIM CUIDADO"

Madam Walker foi uma das pioneiras em disseminar entre mulheres negras a importância do cuidado diário dos cabelos e da pele. E isso com base num discurso que articulava higiene pessoal e progresso racial. Em uma nova realidade de trabalho livre e assalariado, com urbanização e ondas migratórias nacionais crescentes, os saberes que compartilhava impactavam positivamente a autoestima de mulheres historicamente desacreditadas de suas potências físicas, estéticas e intelectuais. O anúncio a seguir exemplifica seu trabalho intelectual de diferenciação entre cuidado e sorte:

DA CABANA À MANSÃO

> **Cuidado constante — Não sorte**
>
> A história e a experiência humana têm nos ensinado, e muitas pessoas acreditam, que uma moça com cabelos naturalmente longos e bonitos, couro cabeludo saudável e compleição suave tem sorte, mas não. Cuidado constante e o uso frequente de produtos e loções de mérito comprovado são o segredo.[7]

Publicado em 1922, três anos depois da morte de Madam Walker, o anúncio perpetua seu legado. Apesar de a raça não ser citada, a afirmação de que a "história e a experiência humana" ensinaram "muitas pessoas" que pele e cabelo bonitos eram questão de "sorte", ela desafiava essa verdade, trazendo ao debate a importância do cuidado constante. Esse, de certa forma, era um consenso entre afro-americanos e até mesmo na cosmética branca, que sempre se valia de um vocabulário do aprimoramento estético — tratar, cuidar, nutrir. A diferença é que a indústria afro-estadunidense entendeu que a fabricação e comercialização dos produtos deveria estar aliada a lições que ensinassem às consumidoras a valorizarem o ato de cuidar de si. Essa defesa do autocuidado diário para mulheres negras aparecia em diversos anúncios, que descreviam as funções específicas de cada produto:

> **Aristocratas da Penteadeira**
>
> Para melhorar a saúde do couro cabeludo, aliviar caspa, eczema, quebra e queda do cabelo, use MADAM C. J. WALKER TETTER SAVE [Protetor para Eczemas]. Para engrossar cabelos curtos e retos e estimular os fios que caem e crescem devagar, use MADAM C. J. WALKER WONDERFUL HAIR GROWER [Maravilhoso Tônico de

---

7 "Cuidado constante — Não sorte", *The New York Amsterdam News*, 20 de dezembro de 1922, p. 3.

> Crescimento Capilar]. Para impactar com brilho e saúde resplendorosa, use MADAM C. J. WALKER'S GLOSSINE [Finalizador]. Os melhores resultados reconhecidos mundialmente. As loções são ministradas após limpeza minuciosa do cabelo e do couro cabeludo com MADAM C. J. WALKER VEGETABLE SHAMPOO [Xampu Vegetal]. Experimente essas loções hoje.[8]

O tratamento de beleza era ensinado de forma didática: a "limpeza minuciosa do cabelo e do couro cabeludo" deveria ser feita com xampu de vegetais acompanhado dos outros produtos naturais do Sistema Walker.

Embora concorrentes prometessem milagres, somente a Walker Manufacturing oferecia aulas de cuidado diário. No catálogo da Poro, por exemplo, lemos o seguinte: "Poro Liquid Hair Grower (Tônico de Crescimento Capilar) é um excelente tônico para o cabelo com uma textura que não requer compressão. Aplicado duas ou três vezes, por semana, ele promove exuberante crescimento, mantendo e aumentando a beleza do cabelo."[9] Embora destaque a quantidade de vezes recomendada, não há menção sobre os métodos de limpeza. Em outro anúncio da mesma empresa, de 1911, lê-se apenas: "PORO HAIR GROWER é a melhor prova dos méritos da 'Poro.'"

O destaque do nome do produto por meio de dois sinais gráficos distintos — aspas e caixa-alta — reforçava sua autenticidade em relação a concorrentes, provavelmente em um tom de conversa indireta (ou cúmplice?) com Madam C. J. Walker:

> Nós fomos os primeiros a nos engajar no negócio do crescimento dos cabelos, considerando a condição dos fios assim como a do couro cabeludo. Nosso trabalho gerou a loção que ficou conhecida como "*Poro*".[10]

---

8 "Aristocratas da Penteadeira", *The Messenger*, março de 1925, p. 148.

9 Poro Hair & Beauty Culture, p. 19.

10 "O Original *Poro Hair Grower*", *The Pittsburgh Courier*, 25 de março de 1911, p. 3.

DA CABANA À MANSÃO

Em termos de estratégia de marketing, a Poro parece ter investido mais em destacar a excelência, frente ao número cada vez maior de concorrentes, do que em apresentar seus métodos de tratamento. Isso é assinalado em outros dois exemplos: "eu tenho o direito exclusivo deste nome [Poro]" e "por US$ 0,50 você pode adquirir quantidade, pureza e qualidade. Tudo isso numa caixa de Poro".[11] A importância do cuidado permanente surge timidamente neste anúncio: "a continuidade do crescimento capilar com uso de 'Poro' só acontecerá se o cabelo e o couro cabeludo forem mantidos limpos. Muitas pessoas estão vendo que isso é realmente verdade".[12]

Mas quais eram os maravilhosos produtos do Sistema Walker? A lista indica a origem de um recurso que hoje conhecemos bastante: a linha completa.[13]

- **Wonderful Hair Grower**: tônico de crescimento para cabelos curtos, finos e que sofrem de queda

- **Vegetable Shampoo**: xampu vegetal de limpeza profunda do couro cabeludo

- **Glossine**: finalizador para brilho, maciez e saúde dos cabelos

- **Tetter Save**: tônico para limpar o couro cabeludo e combater eczema e caspa

- **Temple Grower**: tônico de crescimento capilar

- **Superfine Face Powder**: pó compacto de arroz para maquiar a pele

---

11 *The Chicago Defender* (Big Weekend Edition), 26 de maio de 1917, p. 2.

12 *Ibidem.*

13 Lista de produtos comercializados pela Madam C. J. Walker Manufacturing entre os anos 1910 e 1920. Elaborado com base nas seguintes propagandas: "Aristocratas da Penteadeira", *The Messenger*, fevereiro de 1925, p. 116; "Homens preferem beleza", *The Messenger*, maio de 1925, p. 212; "Glorificando nossa feminilidade", *The Messenger*, junho de 1925, p. 244.

HISTÓRIA SOCIAL DA BELEZA NEGRA

- Face Creams: cremes de tratamento para limpar e suavizar o rosto

- Tan-Off-Complexion Soap: sabonete desbronzeador para o corpo; para tratar sardas, espinhas, bronzeados etc. na pele

- Face Powder e Rouge: pó compacto facial e *blush* para corar e dar à compleição um ar mais jovem

- Clinging Invisible Face Powder: pó compacto facial invisível

- Witch Hazel Jelly: gel de hamamélis para hidratar e refrescar a pele

- Antiseptic Soap: sabonete antisséptico para pés e axilas

- Talc: talco antiodor para axilas e pescoço

- Toilet Water: água de colônia para a toalete

- Perfume: perfume para a toalete

Dos dezoito artigos "mundialmente renomados", podemos notar a predominância de produtos para o cabelo, confirmando o foco estratégico em fabricar e divulgar tais itens, com destaque para Glossine, o mais vendido da companhia e que conquistou milhões de afro-americanas na busca de brilho e saúde para os cabelos e também para sua vida.

COMO FIOS DE ALGODÃO

Desde o começo de sua carreira de cosmetologista, Madam construiu uma narrativa que associava seus produtos à cura de problemas do couro cabeludo relacionados a irritações, quedas e não crescimento:

DA CABANA À MANSÃO

"Tônicos para o cabelo de Madam C. J. Walker — Crescem mais que seus gastos."

O ápice da criatividade de Madam C. J. Walker foi o seu Wonderful Hair Grower. Uma maravilhosa loção contra caspa e queda de cabelo: "revigora cabelos secos e sem vida, estimula a circulação e, desse modo, provoca um novo crescimento".[14]

A conhecida estratégia de marketing do antes e depois foi muito utilizada por Madam C. J. Walker, que, além de produzir, propagandeava em jornais sua própria imagem para comprovar a transformação radical vivida por suas madeixas como resultado de seus produtos. Os resultados visuais serviam principalmente para dialogar com mulheres negras agricultoras, grande parte do seu público. Nesses anúncios, a própria Madam informava: "Vocês percebem que para fazer o cabelo crescer é necessário cuidar do couro cabeludo assim como cuidamos das sementes?" e "Fazer o cabelo crescer é como fazer o algodão crescer."

A fala da empresária conduz a uma interpretação que realça, com poesia, as particularidades da cosmetologia negra, na qual a maioria das profissionais se autodefinia como *culturista*. Do inglês *culturist* está associado ao cuidado, ao cultivo, aquilo que se cria com zelo. A palavra também poderia ser traduzida como *esteticista*. Mas, considerando o contexto de reconstrução da feminilidade negra, *culturist* traz, a meu ver, uma simbologia que realça a criatividade de afro-americanas como autoras de uma definição de cuidado ligada à sua experiência humana.

A autodefinição *culturista*, que pressupõe cultivar algo, dentro de uma narrativa do "cuidado permanente" estimulava comparações às experiências cotidianas de mulheres que, por gerações, dedicaram a vida ao trabalho nos campos, cultivando algodão nas plantações. As comparações entre os fios de cabelo e os de algodão — ambos demandavam tratamento diário — eram recorrentes nas palestras que

---

14 "Loções para o cabelo da Madam C. J. Walker", *The Messenger*, julho de1919, s/p.

135

Madam Walker, especialmente naquelas realizadas no Sul do país, que tinham por objetivo a divulgação da marca e o recrutamento de revendedoras. Era "preciso forçar os cabelos curtos ao crescimento" utilizando artigos de eficácia comprovada, como o Glossine, com seu "brilho rico e saudável".

"Você também pode ser uma beleza fascinante"

Madam Walker, de formas sutis, sugeria que a beleza não estava ao alcance de todas. A boa aparência, sim, pois dependia do investimento de cada mulher negra em algo básico: o autocuidado. Com imagens distantes dos parâmetros dominantes de beleza natural, as consumidoras buscavam alternativas para criar definições de belo que coubessem nas suas precárias condições materiais e extenuantes jornadas de trabalho nos campos de algodão do Sul ou nas fábricas do Norte.

Será somente em 1919, após a morte de Walker, que a palavra *beleza* será utilizada na publicidade da companhia — uma possível ideia de A'Lelia Walker. Em seu anúncio de estreia como herdeira da mãe, a "Joia do Harlem", como era conhecida, disse a suas leitoras: "Você também pode ser uma beleza fascinante." A afirmação sedutora era feita por uma jovem que, sentada à penteadeira, anunciava novos tempos, que se estenderam até os anos 1930, nos quais era possível "criar uma nova beleza para si, usando os produtos de beleza de Madam Walker's".

Sugerindo, nas entrelinhas, as lutas pelo direito à beleza, historicamente negado às mulheres negras, o anúncio tranquilizava as consumidoras. Não seria mais preciso "invejar uma garota" e "seus charmosos cabelos e compleição". Tal qual a escravidão africana, inveja era coisa do passado. O espelho de Oxum refletia um futuro de beleza para mulheres negras, finalmente elevadas ao posto de "aristocratas da penteadeira".

Epílogo
FIOS COM O BRASIL

O "MISTERIOSO EMPÓRIO" DE ANITA PATTI BROWN

Em 1920, Anita Patti Brown, esteticista de Chicago, anunciava na revista *The Crisis* seu "livro de bolso" com os "segredos brasileiros" para cuidar da pele.[1] Quase uma década depois, em 1929, a afro-americana vangloriava-se da "beleza" de sua "pele". Ostentando a aparência, de uma forma "nada egoísta" compartilhava com a "irmandade inteira", seu mais querido e "bem guardado segredo": o milagre da pele bonita. Conquistado após o uso de um produto encontrado nos "salões de beleza do Rio de Janeiro, Brasil e América do Sul" e que conhecera durante uma de suas viagens de negócios à Cidade Maravilhosa. Além de lhe render o apelido de "La Traviata", as andanças na antiga capital brasileira contribuíram para ampliação de sua rede empresarial, que passava a contar com a Sra. Alvey, fiel fornecedora das fórmulas. De volta aos EUA, Anita levava na mala, junto à saudade da avenida Passos, no Centro carioca, os produtos milagrosos, que ela mesma misturou até que se tornassem o Brazilian Toilet Luxuries.

---

1 "Patti's Brazilian Toilette Luxuries", *The Crisis: A Record of the Darker Races*, maio de 1920, v. 20, n. 1, p. 62.

HISTÓRIA SOCIAL DA BELEZA NEGRA

Revendido por menos da metade do preço original, a um "módico" valor em dólar, o artigo prometia "branqueamento perfeito".[2]

Histórias misteriosas como a de Anita e do Brazilian Hair Grower, que em Oklahoma notabilizava-se pela conquista de "mais de 15 mil clientes desde sua entrada nos EUA", em 1916, levaram-me a refletir sobre conexões entre mulheres negras brasileiras e afro-americanas por meio da indústria cosmética. Em São Paulo, pela leitura de jornais como *Clarim d'Alvorada* e *Progresso*, descobri que, em caso de desejarem "alisar o cabelo com perfeição" e "por preços módicos", bastava dirigirem-se à rua Conde São Joaquim, 45, e procurar pela "Sra. B. P. Costa". Mais conhecida como "Didicta",[3] ela prometia "cabellos lisos sem queimar, sem enfraquecer, sem mudar de cor". Uma tradição iniciada, na década de 1920, pelo prestigioso Instituto Dulce, no qual, por 3$000 (três mil-réis), as clientes acessavam "serviço completamente diferente dos que diariamente se vêem pela rua". Voltado apenas para as "senhoras", o estabelecimento era conhecido pela realização de "cortes, ondulações e aperfeiçoamento das sobrancelhas".[4] Já o Salão Brasil, de posse do Sr. Manoel Simões, fazia questão de deixar registrado mais um aniversário do estabelecimento, que fazia tremendo sucesso entre as mulheres da classe de cor.[5]

Embora o Instituto Dulce oferecesse tratamentos para "ondulações", certos tipos de *carapinhas* deveriam incomodar as freguesas, já que elas batiam à porta do Salão para Alisar Cabelos Crespos à procura de mudanças radicais. Dona de um "sistema rápido, infalível e barato", a casa prometia "alisar qualquer cabelo", "por mais crespo" que fosse, "sem prejudicá-lo". Com filiais na praça da Sé, em São Paulo, e na avenida Passos, no Rio de Janeiro, as interessadas deveriam ligar e

---

2 "Patti's Brazilian Toilet Luxuries", *The Chicago Defender (The Big Weekend Edition)*, 29 de maio de 1929, p. 12.

3 "Cabellos Lisos", *O Clarim d'Alvorada: Legítimo Órgão da Mocidade Negra*, São Paulo, 26 de julho de 1931, ano 8, n. 34, p. 2.

4 "Cabellos Lisos a 3$000", *Progresso*, 30 de novembro de 1920, ano 3, n. 30, p. 4.

5 "Salão Brasil", *Progresso*, 30 de janeiro de 1930, ano 2, n. 20, p. 4.

FIOS COM O BRASIL

agendar um horário para realizar o tratamento *express* de "1/2 hora". Tanta dedicação em busca de madeixas lisas era recompensada com a distribuição gratuita do "cabelisador", um tipo de pente quente usado para esticar o cabelo.[6]

Ainda que poucas, se comparadas à expressiva quantidade afro--americana, as propagandas afro-brasileiras evidenciam a presença de uma cosmética negra impulsionada, de forma análoga, por projetos de afirmação racial através do mercado da beleza:

> **Atenção Milagre!...**
>
> **Outra descoberta deste século é o creme liquído MILAGRE dispensa o uso de pó de arroz...**
>
> **FÓRMULA CIENTÍFICA ALEMÃ PARA TRATAMENTO DA PELE.**
>
> **Usando uma vez usa sempre.**
> **Para combater as sardas, panos, espinhas e rugas.**
> **Clareia e amacia a cútis.**[7]

Nos dois países, a cosmética negra teve papel importante nos debates sobre reconstrução da feminilidade negra e também na criação de um sistema colorista que criava hierarquias de beleza e oportunidades dentro da comunidade negra. Oportunidades estas baseadas na aparência clara ou escura, no cabelo crespo ou liso, nas feições finas ou grossas, dentro de um modelo de beleza cívica criado e sustentado como um caminho alternativo de luta contra o racismo, bem mais complexo que o desejo puro e simples de se tornar branco.

---

6 "Salão para Alisar Cabellos Crespos", *O Clarim d'Alvorada: Legítimo Órgão da Mocidade Negra*, São Paulo, ano 6, n. 23, p. 2. Grifos do original.

7 "Attenção Milagre!...", *O Clarim d'Alvorada: Legítimo Órgão da Mocidade Negra*, São Paulo, 26 de julho de 1931, ano 8, n. 34, p. 2.

A "DURADOURA" HISTÓRIA DA BELEZA NEGRA

Ainda no mestrado, em 2004, pesquisando mulheres negras na literatura brasileira da virada do século XIX, conheci a coleção "Jornais da Raça Negra". Guardado na Fundação Biblioteca Nacional, em uma época na qual lápis, papel e borracha eram nossas companhias para transcrição manual de documentos históricos, o fundo documental reúne em torno de quarenta jornais produzidos pela imprensa negra de São Paulo entre as décadas de 1900 e 1950. Tal qual Barack Obama comenta sobre o impacto do livro *O homem invisível*, de Ralph Ellison, em sua formação, a leitura desses jornais foi fundamental em meu processo de formação como historiadora do pós-abolição.

Como jovem pesquisadora, fiquei encantada com um portal aberto por senhorinhas e cavalheiros da "classe de cor" que conduziam clubes, escolas, bibliotecas, times de futebol e associações beneficentes. Liam, escreviam, brigavam, promoviam festas, reuniões políticas. Ri de nervoso das piadas que faziam à época, que, arrumadas no rodapé da página, deixaram registro às futuras gerações sobre a importância de se mover além da dor:

> Há dias chegou um indivíduo ao pé do outro a quem não conhecia e pediu-lhe com muita insistência que lesse uma carta. O sujeito abriu muito apressado a carta e fixou nella os olhos, attentos, fingindo que lia. passados alguns momentos, passou a mostrar-se aflitíssimo, olhando para o suplicante: — Chore Senhor! Chore! — Por que hei de chorar? Perguntou-lhe este já com as lágrimas nos olhos. — Chore, senhor! Chore... — Mas por que hei de chorar, diga? — Chore, senhor, a sua desgraça é a minha, porque nenhum de nós saber ler.[8]

---

8 *Auriverde: Semanário Publicado aos Domingos*. São Paulo, 29 de abril de 1928, n. 5, p. 2. *Jornais da Raça Negra*, Catálogo de Periódicos Microfilmados, Fundação Biblioteca Nacional. Disponível em: <catcrd.bn.br/scripts/odwp032k.dll?t=bs&pr=mic_pr&db=mic&use=sh&d isp=list&sort=off&ss=NEW&arg=negros>.

FIOS COM O BRASIL

Além das risadas de constrangimento com artimanhas do passado, houve as lágrimas das descobertas de homenagens a figuras cultuadas pela comunidade negra, como exemplos máximos de talento e inteligência. Uma delas foi feita a Luiz Gama, o abolicionista escolhido para nomear um grupo familiar que realizava, no "soberbo parque" Jardim Chapadão, "divertimentos" para associados e familiares na cidade de Campinas, como o memorável Pick-Nick, de 1928. E também descobertas fascinantes, como aquela dos concursos de "belleza feminina", como o promovido, em 1916, pelo jornal *O Menelick*.[9]

> Abrimos com o presente número um concurso de beleza feminina, cujo concurso será em duas tiragens distribuídas nas seguintes formas: na primeira tiragem, a partir da próxima vindora, daremos uma demonstração geral de todas aquelas que mereceram votos e, na segunda, o resultado final do concurso. Aquela que bater o "record" ornamentará com o seu retrato a primeira página de nosso jornal, caso consinta que nós assim procedemos. N.B. — O concurso é bem entendido, entre a "classe" e os votos devem ser dados pelos homens que forem assinantes, enchendo para este fim o cupom seguinte: Caro Leitor, qual é a moça mais bella no seu parecer? É.. Rua... Assignante.[10]

No compromisso de investigar informações e escrever essas histórias, passei a tecer novas definições de mulher negra à medida que tomava contato com narrativas relacionadas a moças de cor das classes trabalhadoras e que lutavam por dignidade e respeito através de concursos, como o que levava o sugestivo título de Miss Progresso:

---

9 Giovana Xavier. "'Leitoras': gênero, raça, imagem e discurso em *O Menelick* (São Paulo, 1915-1916)". Salvador, Afro-Ásia, 46 (2012), 163-191. Disponível em: <www.scielo.br/pdf/afro/n46/a05n46.pdf>.

10 "Concurso de Belleza", *O Menelick: Órgão Mensal, Literário e Crítico Dedicado aos Homens de Cor*, 1º de janeiro de 1916, ano 1, n. 3, p. 4.

HISTÓRIA SOCIAL DA BELEZA NEGRA

Seguindo o exemplo dos nossos colegas do *Getulino* de Campinas, abrimos hoje um concurso para apurarmos qual a moça preta mais bonita de São Paulo. À vencedora, num festival que se realizará no dia 1º de janeiro, além de conferirmos o título de "Miss Progresso", serão entregues diversos mimos, ofertas de casas comerciais. O que vai ser o concurso do *Progresso*, informaremos mensalmente aos leitores, que hoje nada mais têm que fazer, senão cortar o cupom abaixo e remete-lo a nossa redação.[11]

Os leitores devêm recortar o coupon abaixo e remette-lo à nossa redação. Os votos que não virem na fórmula publicacada não serão apurados.

CONCURSO N. I

Deve ser dado o título de
MISS "PROGRESSO"

a...............................

....

residente a..................

.... N. ....

Votante......................

Cupom do concurso "Miss Progresso" (*Progresso*, SP, 1929).

---

11 S/A. "Miss Progresso", *Progresso*. São Paulo, 31 de outubro de 1929, ano II, n. 17, FBN-CPM.

FIOS COM O BRASIL

Autoras e praticantes de um projeto de beleza cívica no qual reivindicavam para si o direito ao respeito e à dignidade, essas mulheres foram valorizadas pela imprensa negra como "damas", com as quais o Brasil possuía grande "dívida":

> As damas negras de hoje são fragmentos que recordam a mãe martyr e dócil que entre as dores que a dilacerava; no seu coração reinavam os sentimentos de affecto e ternuras, ao embalar o 'sinhôzinho', ela soluçava e cantava para adormecê-lo. Portanto damas! dentro de vossos corações deve palpitar os mesmos sentimentos que nos leva à profissão de hoje que é a continuidade que já vinha fazendo pelo Brasil os nossos antepassados.[12]

Dezesseis anos depois do início desta história na Biblioteca Nacional, este texto foi escrito para dizer obrigada por terem me abençoado com a *duradoura* história da beleza negra: "Se fazes questão da belleza não se esqueça que a mais duradoura é a que reside nos olhos, e a mais passageira é a que vive nos lábios e nas cores da pelle."[13]

---

12 Antunes da Cunha. "A grande dívida brasileira: a mulher negra e o Brasil". *O Clarim d'Alvorada: legitimo orgam da mocidade negra.* São Paulo, 28 de setembro de 1930, ano VII, n. 30, p. 1.

13 S/A. *O Clarim d'Alvorada: Pelo Interesse dos Homens Pretos, Noticioso, Literario e de Combate.* São Paulo, 5 de fevereiro de 1928, p. 3, FBN-CPM.

Agradecimentos

A BELEZA NEGRA DO AMOR

Agradeço a Iansã e a Oxum por me escolherem como filha e, junto com Oxóssi e Xangô, planejarem minha existência, presenteando-me com a honrosa missão de executar seus planos no *aiyê* (Terra). A Deus, por me mostrar que os caminhos para observar as palavras e com elas iluminar meus pés, estão dentro de mim. Amor, para mim, está relacionado a compreensão, cuidado, proteção, confiança e responsabilidade. Palavras que me levam a ancestrais nas quais minhas costas ancoram-se. Minha mãe, Sonia Regina Xavier da Conceição, que, nomeando-me "seu sol", ensinou-me a sonhar, amar os livros e a sala de aula e, principalmente: a "prestar atenção nas pessoas mais necessitadas". Elenir Xavier das Dôres, a Lena, que com 12 anos tornou-se empreendedora, abrindo um dos primeiros salões do bairro suburbano de Colégio, no fundo do quintal da casa de nossa família. Profissional bem-sucedida, minha tia educou a mim e a meus primos-irmãos, Leonardo e Gustavo, para a liberdade, estendendo seu viver de amor aos netinhos, Mateus e Peri. Leonor Xavier da Conceição foi uma menina que se tornou órfã aos 9 anos e que, debruçada à máquina de costura, construiu com meu avô, o funcionário público da Fundação Parques e Jardins Julberto da Conceição, uma honrada família negra do pós-abolição. Tendo aprendido a ler, escrever e "ver as horas sozinha", foi minha avó que me deu a primeira aula sobre feminismo negro e autodefinição. Ensinou-me quando eu tinha 6 anos a segurar o lápis e a escrever no caderno de caligrafia a letra "G", de Giovana. A primeira que eu precisava aprender, pois, segundo ela, "Deus encarregaria-se do resto". Meu pai, Neumar Barros Côrtes, deu-me a vida, lindamente cuidada e celebrada por minha avó Neuza Barros Côrtes e minha tia Carmem Lúcia. Penso também na beleza do amor presente, representada pelos encontros que se tornam divisores de água em nossa vida. Minha querida e brilhante editora Livia Vianna esteve comigo desde o tempo em que tínhamos *apenas* identificação uma com a outra e um projeto editorial de transformar uma tese acadêmica em um livro para o público geral. Seus ventos de amizade, confiança, cumplicidade e competência, tão marcantes em minha vida, impulsionaram-me a tornar realidade este sonho, guardado havia quase uma década. Isso foi feito junto com suas assistentes, Carolina Torres e Letícia Feres, não somente leitoras *top* e cuidadosas das minhas ideias, mas representantes de um novo mercado editorial, marcado pela preocupação com a escuta e a fala de cada vez mais vozes. Evelyn Lucena passou a integrar este time, compartilhando seu talento intelectual para o projeto do glossário biográfico do livro. A amizade com Adriano Lima, Priscila Enrique de Oliveira, Robério Souza trouxe alegria e esperança para cumprir o papel desafiador de ser uma doutoranda negra em uma Unicamp anterior às ações afirmativas. Já em New York City, viver como estudante internacional recebendo amor e proteção da irmã de alma, a antropóloga Janny Llanos, e dos historiadores Yuko Miki e Marc Hertzman, amigos-irmãos e professores talentosos, foi o alicerce para tudo o que veio depois. É bonito olhar para trás e ver que nos tornamos mães, pais e acadêmicos comprometidos com amor, respeito e igualdade em todos os espaços. A chance de pesquisar no Schomburg Center for Research in Black Culture, do Méier para o Harlem, faz parte de uma história da beleza negra que jamais esquecerei, e na qual se insere toda equipe do arquivo, que, com competência e generosidade, fez-me sentir em casa. De volta ao

A BELEZA NEGRA DO AMOR

meu país, a Universidade Federal do Rio de Janeiro é, desde os tempos da graduação, meu porto seguro. Com aquele destaque para Faculdade de Educação, onde está a querida equipe de Prática de Ensino de História, da qual me orgulho de fazer parte: Alessandra Nicodemos, Amilcar Pereira, Ana Maria Monteiro, Carmen Gabriel, Cinthia Araújo, Warley da Costa. Nessa centenária universidade, ao lado de amigues como Júlia Polessa, Sergio Baptista e Núbia Oliveira, atravesso as barreiras raciais e de gênero para a escrita criativa de novas histórias, com a brilhante companhia de: Alcino Amaral, Alice Assunção, Íza Venas, Marlon Gama, Nayara Santos, Verônica Magalhães, Wickson Moreira, Nathalia Braga, Nathalia Correia. Representantes de uma nova geração de intelectuais negres dos quais tenho tido a honra de ser professora, fazem com que as salas de aula, habitadas no passado por estrelas como Beatriz Nascimento e Lima Barreto, espelhem novos horizontes, como o Grupo Intelectuais Negras e o Programa de Educação Tutorial Conexões de Saberes Diversidade Historiadoras e historiadores sociais com quem tive a honra de durante a formação aprender sobre inovações, tradições e fronteiras historiográficas também fazem parte desta mirada: Sidney Chalhoub, meu precioso orientador, e Álvaro Pereira do Nascimento, parceiro querido nessa jornada, assim como a grande brasilianista, amiga e orientadora Barbara Weinstein, em Nova York. Além de Robert Slenes, Silvia Lara e Wlamyra Albuquerque, que me brindaram com suas instigantes participações na banca de defesa da tese na qual se baseia este livro. Carlos Fico e Rachel Soihet ocupam lugar especial em meu coração e nesta história por terem me presenteado com uma bonita e generosa iniciação na vida acadêmica. Nela, o amigo Flavio Gomes é referência de um brilhantismo historiográfico definido pela excelência das pesquisas, pelo compromisso com a igualdade e pelo incentivo constante à minha caminhada. Característica também presente no imprescindível historiador Antonio Liberac e nas geniais antropólogas Lilia Schwarcz e Olívia Cunha. As intelectuais marcantes do nosso blog *Conversa de Historiadoras* — Ana Flávia Magalhães Pinto, Mônica

HISTÓRIA SOCIAL DA BELEZA NEGRA

Lima, Keila Grinberg e a amada e luxuosa dupla Hebe Mattos e Martha Abreu — ensinam-me sobre o papel dos diálogos para as mudanças que sonhamos. 2020, período da eclosão da pandemia Covid-19, também ventou novos e bons ares e energias. A entrada na Escola de Alta Performance DE ROSE Method Ipanema para estudo do Yôga — acompanhada por meu amigo e instrutor Rafael Ramos e cuidada por Camilla Rolim, Diogo Moreira, Marcelo Duarte e Rosângela Almeida — abriu um novo portal em minha vida. Nele insere-se o ingresso como uma das líderes do revolucionário Programa de Aceleração do Desenvolvimento de Lideranças Femininas Negras Marielle Franco, do Fundo Baobá para Equidade Racial. Um projeto conduzido brilhantemente por Fernanda Lopes, no qual diariamente aprendo e cresço na companhia de companheiras negras cis e transgêneras, Leandra Silva e Dandara Rudsan, inspiradoras para meu ativismo científico, que tem nas brilhantes intelectuais negras Deise Benedito, Flavia Oliveira, Miriam Alves, Patricia Hill Collins e Lúcia Xavier belas e poderosas referências. A equipe dos aterros físicos e emocionais ensina, com amor e competência admiráveis, algo que relutamos em aceitar: para cuidar dos outros é preciso cuidar primeiro de si própria. Obrigada, Abdulay Ezequiel, Ana Valadão, Cindy Cruz, Jaire Silva, Laura Pitangui, Luiz Guilherme de Oliveira, Karina Simas, Marta Oliveira, Mariana Ferreira, Soraya Jorge, Tiago Rezende e ao mestre Jean do Surf Glória. Como não pode deixar de ser, todas as mulheres negras estão no meu coração e neste livro. Conhecidas ou não, elas me ensinam das formas mais inusitadas sobre a astúcia e criatividade de se mover além da dor. E tecem sentidos de existir ousados e profundos, que, na UFRJ, aprendo pelos sorrisos de amor e identificação que partem das trabalhadoras terceirizadas com quem convivo. Não por acaso, são elas as mulheres que, tal como Exú, guardam as chaves e abrem as portas das salas para que as intelectuais negras entrem. Como Abiã, essa conexão entre dois mundos me é carinhosamente ensinada na convivência com minha mãe, Yá Flavia Regina de Jagun, minhas tias Amanda Néri e Nádia Bonfim, assim como Bruna Souza

A BELEZA NEGRA DO AMOR

e todas as irmãs e irmãos de minha família de santo do Ilê Axé Omin Agbara Oluayê. Conexões que também são alimentadas na honrosa convivência com as grandes mestras Azoilda Loretto da Trindade (ancestral), Eliete Miranda, Ida Mara Freire e minha maravilhosa *teacher* Andrea Soares Barbosa. As queridas amigas Ana Paula Brandão, Ana Paula Rosa, Bruna Teodoro, Claudielle Pavão, Conceição Evaristo, Egnalda Côrtes, Elizabeth Viana, Ellen Paes, Fabiane Machado, Guia Félix, Heloisa da Costa Lopes, Hidália Fernandes, Janete Santos Ribeiro, Juranice Alves, Lucinha Nobre, Kim Butler, Maria Julia Ferreira, Marta Muniz Bento, Mônica Cunha, Renata Felinto e todas as mulheres negras com as quais compartilho meu amor, estendido a Filipe e Flávio de Carvalho, Josélia Aguiar, Lívia Monteiro e Renata Izaal. Renovam e fortalecem meu espírito a alegria e o brilho ofertados por meu maravilhoso filho, Peri Xavier da Conceição Nascimento, a quem atendo ao pedido leonino de "colocar no livro novo" sua melhor amiga, a amada Sofia, filha da minha irmã escolhida, Alessandra Fernandes. E o amor sublime ofertado com presença e leveza por Thiago Lemos de Carvalho, meu grande parceiro espiritual. Esses meus dois guardiões, sempre de prontidão, lembram-me: "nosso amor é muito lindo". Que este livro, ancorado em meu trabalho intelectual e nas ideias ancestrais plantadas e cultivadas por mulheres negras, cumpra a missão de alcançar mentes e corações refletindo em suas páginas a beleza negra do amor.

Axé!

Glossário

ALAIN LOCKE

Filósofo e escritor na imprensa afro-americana na primeira metade do século XX, Alain Locke (1886-1954) integrou e nomeou de Movimento Novo Negro a efervescência cultural do Harlem Renaissance [Renascimento do Harlem]. Em seus escritos, destacava a necessidade de construir novas representações da Raça Negra a partir de referenciais de valorização e protagonismo. Considerado um "líder da Raça", esteve presente na "AfrAmerican Academy" [Academia AfrAmericana] por sua significativa influência política, econômica e social.

A'LELIA WALKER

Filha do primeiro casamento de Sarah Breedlove, a Madam C. J. Walker, Lelia McWilliams (1885-1931) nasceu em Vicksburg, Mississipi. Assim como a mãe, em torno de 1907, adotou o sobrenome Walker, tornando-se Lelia Walker. A jovem participou ativamente dos negócios da mãe, tornando-se seu braço direito. Em 1907, já em Pittsburgh, Pensilvânia, a empresa de Walker inaugurou a Lelia College of Beauty Culture, sua escola de beleza. A instituição ficava sob a responsabilidade direta da jovem, enquanto a fábrica, a cargo da mãe e do padrasto. Após a morte de Madam Walker, em 1919, Lelia incluiu a letra A' à frente de seu

HISTÓRIA SOCIAL DA BELEZA NEGRA

nome, passando a se chamar A'Lelia Walker. A'Lelia foi uma figura de muita importância no Harlem Renaissance, movimento cultural, político e literário que reuniu diversos músicos, escritores e artistas afro-americanos nos anos 1920. Langston Hughes, um dos expoentes do movimento, chamava A'Lelia de "a deusa da alegria do Harlem", devido, sobretudo, às festas que a jovem, uma das mecenas do lugar, oferecia na mansão herdada de sua mãe, conhecida como Villa Lewaro. A'Lelia faleceu subitamente. Mais informações: A'Lelia Bundles. *On Her Own Ground: The Life and Times of Madam C. J. Walker* [Em sua própria terra: a vida e a época de Madam C. J. Walker], 2002.

ALICE DUNBAR-NELSON

Alice Dunbar-Nelson (1875-1935) integrou o movimento Harlem Renaissence como escritora, poeta e ativista dos direitos civis, especialmente para mulheres negras. Coeditora de *Wilmington Advocate*, importante jornal negro progressista da década de 1920, é considerada uma das mais talentosas colunistas da imprensa negra. Sua vida foi homenageada na "AfrAmerican Academy" por seu notável trabalho em periódicos da comunidade afro-americana.

ANTHONY OVERTON

Anthony Overton (1865-1946) foi químico e proprietário da Overton Hygienic Company, uma empresa criada em 1898, no Kansas, sob o alto investimento de US$ 1.960. Ao realizar uma Convenção Nacional (1916), sua empresa foi referenciada como "a maior companhia de pessoas de cor do país" por uma revista da época. Com sua expertise para os negócios, o empresário de sucesso propagandeou seus produtos cosméticos a partir de uma narrativa de valorização e positivação da história da comunidade negra. Em sua empresa, dentre a extensa linha de manufaturados para o corpo e rosto, destacou-se o pó clarea-

GLOSSÁRIO

dor *High-Brown Face Bleach*. Seus produtos eram considerados de excelente qualidade e ganharam diferenciação no mercado pelo cuidado na escolha de matérias-primas e até mesmo na fabricação das embalagens, o que evidenciava especial preocupação com seu público consumidor. Dados apontam que a companhia possuía 125 empregados de cor no ano de 1920. Eram homens e mulheres valorizados por seu ofício, que simbolizavam o projeto de dignificação da Raça tão valorizado pelo empresário.

BOOKER T. WASHINGTON

Booker T. Washington (1856-1915) nasceu na Virgínia. Embora alguns de seus dados pessoais não sejam tão precisos, sabe-se que até os nove anos de idade ele foi uma criança escravizada. A experiência do cativeiro foi abordada na autobiografia *Up from Slavery* [Além da escravidão] (1901), uma de suas onze obras. Formou-se no Hampton Normal and Agricultural Institute e fundou em 1881 a escola técnica Tuskegee Normal and Industrial Institute. Defendeu a educação técnica e profissionalizante como alavanca para o avanço da comunidade negra em detrimento da formação universitária. Nesse sentido, Booker criou e presidiu a National Negro Business League (NNBL) [Liga Nacional de Negócios Negros], que visava a expandir comércios, indústrias e empresas entre os afro-americanos. É considerado uma das mais famosas lideranças negras nos Estados Unidos. Faleceu em 1915. Para saber mais: <https://www.blackpast.org/african-american--history/washington-booker-t-1856-1915-2/>.

CHANDLER OWEN

Chandler Owen (1889-1967) foi escritor, jornalista, editor e membro do Partido Comunista na primeira metade do século XX. Seus escritos, influenciados pelos debates femininos sobre a construção da "Nova

Mulher Negra", basearam-se na articulação entre estética, cuidado de si e progresso racial e sublinhavam a intensa busca pela beleza a partir de um ideal mulato. Em 1924, o jornalista afirmava para o *The Messenger* que "ser uma afro-americana bonita era ter o 'cabelo liso' e a 'pele boa'".

CLARENCE CAMERON WHITE

Clarence White (1880-1960) foi um grande músico, considerado pela crítica um dos mais proeminentes violinistas dos EUA, ele foi também professor, compositor e um dos fundadores da Associação Nacional de Músicos Negros, organização na qual atuou como presidente entre 1922 e 1924. Seu notável talento foi destaque na coluna "AfrAmerican Academy", em 1928.

COUNTEE CULLEN

Countee Cullen (1903-1946) foi escritor, poeta e colaborador em diversos jornais da imprensa negra. Bacharel em Artes pela New York University e mestre em Inglês na Harvard University (1926), Cullen foi um dos principais autores do Harlem Renaissance e destacado ativista dos direitos civis, chegando a comparar o linchamento dos homens negros à crucificação de Jesus Cristo. Com uma carreira selada por prêmios, é autor de diversos textos nos principais veículos da imprensa negra. Para saber mais: <www.blackpast.org/african--american-history/cullen-countee-1903-1946-0/>.

DRUSILLA HOUSTON

Drusilla Houston (1876-1941) foi uma renomada escritora. Sua carreira na imprensa negra iniciou-se quando o irmão mais novo fundou

GLOSSÁRIO

o jornal *The Black Dispatch* e ela assumiu o cargo de editora e colunista, escrevendo acerca da ascensão racial da comunidade negra. É de sua autoria um importante trabalho sobre a história dos etíopes nas Américas, o livro *Wonderful Ethiopians of the Ancient Cushite Empire* [Maravilhosos etíopes do Antigo Império cuxita]. Para saber mais: <https://www.blackpast.org/african-american-history/houston-drusilla-dunjee-1876-1941/>.

EVELYN ELLIS

Evelyn Ellis (1894-1958) foi atriz e diretora de peças de teatro. É de destaque sua brilhante atuação na peça *Porgy*, de 1927, que lhe rendeu os mais louváveis elogios da crítica da Broadway pela interpretação da personagem Bess. Evelyn Ellis estudou no Hunter College e conquistou uma carreira de sucesso nos palcos.

EMMETT J. SCOTT

Emmett J. Scott (1873-1957) nasceu em Houston, no Texas. Filho de ex-escravizados, criou, ao lado de Charles N. Love e Jack Tibbito, o *Texas Freeman*, primeiro jornal afro-americano da cidade, em 1893. Trabalhou em parceria com Booker T. Washington como secretário, redator de discursos e tesoureiro do Tuskegee Institute. Coordenou uma equipe de pesquisa que catalogou cartas de trabalhadores negros migrantes vindos do Sul. As missivas eram enviadas para jornais de grande importância nacional, como o *The Chicago Defender* e *The New Age*, formando o importante acervo Letters of Negro Migrants of 1916-1918 [Cartas de Negros Migrantes De 1916-1918]. Contabilizou em sua carreira diversos cargos de confiança. Faleceu aos 84 anos. Para saber mais: <https://www.blackpast.org/african-american-history/scott-emmett-j-1873-1957/>.

Fannie Barrier Williams

Fannie Barrier Williams (1855-1944) foi professora, oradora e autora de muitos escritos publicados na imprensa negra como *A Northern Negro's Autobiography* [Uma autobiografia de um Negro do Norte], *Perils of the White Negro* [Os perigos do negro branco] e *The Colored Girl* [A garota de cor]. Nessa arena de discursos, Fannie ressaltava o clareamento do visual escuro como "única maneira" de disputar a igualdade no mundo do trabalho. Obteve alto grau de instrução e reconhecida influência como intelectual negra e "líder da Raça".

Frederick Douglass

Frederick Douglass (1817-1895) foi um importante orador, escritor e ativista na luta abolicionista nos Estados Unidos no século XIX. Nasceu cativo em Maryland. Após a alfabetização, instruiu-se com a literatura abolicionista. Sua vida foi marcada por episódios marcantes, como a fuga do cativeiro, uma viagem para a Inglaterra e a compra de sua liberdade através de uma rede de amigos. De volta ao seu país natal, Douglass criou o jornal *The North Star* e registrou duras críticas ao sistema escravista. Escreveu a obra *Narrative of The Life of Frederick Douglass, an American Slave: Written by Himself* [Narrativas da vida de Frederick Douglass, um escravo norte-americano: escrita por ele mesmo], ainda no ano de 1845. Um dos seus discursos mais famosos é o "What, to the Slave, Is the Fourth of July?" [O que, para o escravo, é o 4 de julho?], proferido em Nova York em 1852. Nele, Douglass expôs que a vigência da escravidão nos Estados Unidos era incompatível com a liberdade aclamada pelo país. Reverenciado como grande líder negro, anos após seu falecimento em 1895, a casa onde vivia foi transformada em museu por um projeto da National Association of Colored Women [Associação Nacional de Mulheres de Cor]. Para saber mais: <https://www.blackpast.org/african-american-history/douglass-frederick-1817-1895/>.

GLOSSÁRIO

HARRIET TUBMAN

Harriet Tubman (1821-1913) nasceu escravizada em Maryland. Sua trajetória foi marcada por intensas lutas contra a escravidão até o fim da vida. Combateu na Guerra de Secessão em 1863, sagrando-se uma das primeiras mulheres a liderarem um combate de guerra. Foi reverenciada como uma das "Famosas da Raça" na coluna homônima da *The Colored American Magazine*. Realizou diversas viagens para Maryland, a fim de resgatar pessoas escravizadas no século XIX e ficou conhecida como "Moisés de seu povo". Faleceu em 1913. Para saber mais: <https://www.blackpast.org/african-american-history/tubman--harriet-ross-c-1821-1913/>.

IDA B. WELLS-BARNETT

Ida B. Wells-Barnett (1862-1931) foi jornalista, editora e ativista no movimento pelos direitos civis na década de 1890, especialmente em relação ao voto para mulheres negras e à criminalização dos linchamentos, os quais documentou em *Southern Horrors: Lynch Law in all its Phases* [Horrores do Sul: a lei do linchamento em todas as fases]. Uma das fundadoras da National Association for the Advancement of Colored People [Associação Nacional para o Progresso das Pessoas de Cor], em 1909, a jornalista investigativa tornou-se a mulher negra mais famosa dos EUA por seu ativismo intelectual.

JAMES WELDON JOHNSON

Escritor e ativista dos direitos civis, James Weldon Johnson (1876--1938) foi importante nome da luta pelos direitos civis, destacando-se como o primeiro secretário-executivo negro na história da National Association for the Advancement of Colored People, cargo que ocupou

HISTÓRIA SOCIAL DA BELEZA NEGRA

entre 1920 e 1930. Ao lado de Madam C. J. Walker e W.E.B. Du Bois, foi signatário da petição antilinchamento, que reivindicava a criminalização da violência racial contra a população afro-americana. Em 1934, consagrou-se como o primeiro afro-americano a ser contratado como professor na New York University; posteriormente também lecionou na Fisk University.

JOSEPHINE BRUCE

Josephine Bruce (1853-1923) nasceu na Pensilvânia. Foi ativista em clubes femininos, professora, escritora e considerada uma das figuras das "Líderes da Raça". Em 1878, casou-se com Blanche K. Bruce, o único senador negro do país à época, e tornaram-se uma família de prestígio social em Washington. Fez parte da fundação da National Association of Colored Women, onde foi eleita vice-presidenta no ano de 1899. Também assumiu o cargo de decana no Tuskegee Institute. Teve participação na imprensa negra com textos publicados no *The Crisis* e *The Voice of the Negro*. Para saber mais: <https://www.blackpast.org/african-american-history/bruce-josephine-beall-willson-1853-1923/>

JUDY RICHARDSON

Judy Richardson é cineasta, foi professora visitante na Brown University em 2012 e consagrou-se como uma das principais ativistas do Student NonViolent Coordinating Commitee (SNCC, 1960) [Coordenação do Comitê Estudantil de Não Violência], organização estudantil nacional pelos direitos civis, na qual ingressou aos 18 anos. Como uma de suas lideranças de maior projeção, atuou como secretária administrativa e teve papel importante na expansão do movimento para estados como Chicago, Illinois e Georgia. Em 1994, venceu o Peabody Award

GLOSSÁRIO

com uma das coprodutoras do documentário *Malcolm X: Make It Plain* [Malcom X: Elucide]. Com uma trajetória marcada pelo compromisso em documentar a história afro-americana na luta por direitos civis, em 2019, foi a principal conferencista do National History Day [Dia Nacional da História] e atualmente integra a direção do SNCC Legacy Project [Projeto do Legado da SNCC].

KATHERINE CHAPMAN TILLMAN

Katherine Chapman Tillman (1870-?) nasceu em Mount City, Illinois. Foi escritora, poeta e dramaturga. Graduou-se na Louisville State University e teve seu primeiro poema publicado com apenas 18 anos. Sua escrita era baseada na defesa de direitos iguais para ambos os sexos e voltava-se à importância de educar as "jovens mulheres de sua raça" como exemplos positivos para a comunidade afro-americana. Para saber mais: <www.blackpast.org/african-american-history/tillman-katherine-davis-chapman-1870/>.

LANGSTON HUGHES

Langston Hughes (1902-1967) nasceu no Missouri. Foi artista, poeta e dramaturgo. Estudou na Columbia University, trabalhou como assistente do intelectual Carter Woodson e se formou em Artes Liberais pela Lincoln University (1930). Foi destacado integrante do movimento do Harlem Renaissance. Escreveu poemas, romances, peças e contos que retratavam as experiências da classe trabalhadora afro-americana e que lhe renderam uma premiada carreira. Faleceu em 1967 no Harlem e teve suas cinzas depositadas com honrarias no Schomburg Center For Research in Black Culture [Centro Schomburg de Pesquisa em Cultura Negra]. Para saber mais: <https://www.blackpast.org/african-american--history/hughes-langston-1902-1967/>.

HISTÓRIA SOCIAL DA BELEZA NEGRA

MARCUS GARVEY

Marcus Garvey nasceu em 1887 na Jamaica. Foi jornalista e ativista político do pan-africanismo com seu projeto de retorno ao continente mãe, a África. Ao passar por diferentes países e refletir sobre a condição da população negra, Garvey retornou ao seu país natal e criou a Universal Negro Improvment Association (UNIA) [Associação Universal para o Progresso Negro], em 1914. Contribuiu com o jornal *The Negro World*, de expressiva circulação mundial. Seus textos foram traduzidos para diferentes idiomas. Para saber mais: <https://www.blackpast.org/global-african-history/garvey-marcus-1887-1940/>

MARIA L. BALDWIN

Maria L. Baldwin (1856-1922) nasceu em Massachusetts, onde concluiu seus estudos na rede pública. Foi educadora e também, por mais de quarenta anos, professora e diretora da escola Agassiz, a única na cidade de Cambridge com sistema de aulas ao ar livre. Com a imagem associada por seus estudantes à liberdade espiritual, Miss Baldwin ocupou espaço de destaque na coluna "Men of the Month" [Homens do Mês], do jornal *The Crisis*, onde foi reverenciada como brilhante intelectual, especialista nos assuntos ligados à educação na América.

MARY CHURCH TERRELL

Mary Church Terrell (1863-1954) nasceu em Memphis, no Tennessee. Em 1894, tornou-se bacharel em Artes e Línguas Clássicas pela Oberlin College. Antes de se mudar para Washington, D.C., lecionou no Wilberforce College, em Ohio. A educadora, escritora e ativista foi a primeira presidenta da National Association of Colored Women, entre 1896 e 1901, e fundadora da Colored Women's League [Liga das

GLOSSÁRIO

Mulheres de Cor], em Washington (1892). Além disso, apoiou a National American Woman Suffrage Association [Associação Nacional pelo Sufrágio da Mulher Norte-Americana], ainda que a organização tenha apoiado a exclusão das mulheres negras do direito ao voto. Em 1940, sua autobiografia, *A Colored Woman in a White World* [Uma mulher de cor em um mundo branco], foi publicada. Para saber mais: <www.blackpast.org/?q=aah/terrell-mary-church-1863-1954>.

MYRLIE EVERS

Myrlie Evers (1933) nasceu no Mississipi. É ativista, jornalista e foi casada com Medgar Evers, secretário da National Association for the Advancement of Colored People (NAACP) [Associação Nacional para o Desenvolvimento das Pessoas de Cor], com quem atuou conjunta e destacadamente no movimento de direitos civis negros na segunda metade do século XX, em especial no que se refere à luta pelo fim da segregação racial em escolas públicas. Em 1963, após o assassinato de seu companheiro por supremacistas brancos, Myrlie Evers travou uma batalha para que o crime fosse julgado pela Corte norte-americana. A ativista seguiu seus trabalhos na NAACP, ocupando o cargo de presidenta da associação. Publicou sua autobiografia intitulada *Watch Me Fly: What I Learned on the Way to Becoming the Woman I Was Meant to Be* [Veja-me voar: O que eu aprendi no caminho para me tornar a mulher que eu deveria ser], em 1999, e foi eleita pela revista *Ebony* uma das "Cem mais fascinantes mulheres negras do século XX".

NANNIE HELEN BURROUGHS

Nannie Helen Burroughs (1883-1961) nasceu em Orange, na Virginia. Em 1907, obteve o título de mestre pela Eckstein-Norton University e apoiou a National Baptist Convention [Convenção Nacional Batista].

HISTÓRIA SOCIAL DA BELEZA NEGRA

Em 1909, tornou-se a primeira presidenta da National Trade and Professional School for Women and Girls [Escola Técnica Nacional para Mulheres e Garotas], em Washington, D.C. Dona do bordão "Nós nos especializamos o mais completo impossível", que traduzia a ideia de educar-se e conquistar respeito apesar das condições opressoras da segregação racial, ela defendia a ideia de que a educação operária e a erudita eram compatíveis. Burroughs presidiu a escola até o ano de sua morte. Em 1964, a instituição foi rebatizada com seu nome. Mais informações em: <www.blackpast.org/?q=aah/burroughs-nannie-helen-1883-1961>.

PAUL LAURENCE DUNBAR

Artista, escritor e poeta. Paul Laurence (1872-1906) nasceu em Ohio. Foi filho de uma mãe lavadeira e um pai que fugira do cativeiro. Ainda criança, tornou-se amante da leitura e declamador de poemas. Escritor de muitos romances, livros, canções, ensaios e contos, realizou diversos recitais de poesia, a exemplo do ocorrido em 1893, na Exposição Mundial de Chicago, e de outros na Inglaterra. Para saber mais: <https://www.blackpast.org/african-american-history/dunbar-paul-lawrence-1872-1906/>.

SOJOURNER TRUTH

Nascida em Swaterkill, Soujourner Truth (1797-1883) foi uma grande ativista abolicionista e oradora. Ex-escravizada, destacou-se como uma das primeiras intelectuais públicas engajadas na defesa dos direitos civis de mulheres negras. Registrado como "E não sou eu uma mulher?", seu discurso proferido na Women's Rights Convention [Convenção dos direitos das Mulheres em Akron] — realizado em Akron, Ohio (1851) —, sobre a desumanização imposta a mulheres

GLOSSÁRIO

negras, permanece ícone do pensamento feminista negro em perspectiva interseccional.

SYLVANIE WILLIAMS

Sylvanie Williams (1847-1921) nasceu na Louisiana. Atuou como professora e dirigiu instituições de ensino, como a Thomy Lafon School e Fisk School para garotas. Liderou obras de reconstrução da Fisk School após um incêndio causado por episódios de tumultos raciais em 1900. Foi ativista em projetos de formação profissional para mulheres negras, atuou na National Association of Colored Women, chegando ao posto de vice-presidenta. Engajou-se no movimento sufragista na Louisiana. Teve escritos publicados na imprensa negra, nos quais ressaltava as virtudes da mulher da Raça.

W. W. HOLLAND

W. W. Holland foi fotógrafo e prestou serviços para editores da imprensa negra e líderes da Raça, tendo importante papel na disseminação do ideal mulato na representação iconográfica de mulheres afro-americanas. Holland foi autor de *Espécime da obra de Amtour*, fotografia de cunho pedagógico que ensinava editores de jornais e revistas a escolherem retratos femininos.

W. E. B. DU BOIS

William Edward Burghardt Du Bois (1868-1963) nasceu em Massachusetts. Sua trajetória acadêmica foi ampla e marcada por pioneirismos: graduou-se na Fisk University (1888), foi bacharel por Harvard (1890), obteve pós-graduação em História e Economia pela Univer-

HISTÓRIA SOCIAL DA BELEZA NEGRA

sidade de Berlim (1892) e foi o primeiro afro-americano a ter o título de Ph.D. (Harvard, 1895). Historiador, sociólogo e professor de universidades estadunidenses, escreveu obras importantes sobre a história urbana afro-americana, criou o *The Crisis* e foi cofundador da National Association for the Advancement of Colored People, em 1909, além de atuar como diretor de Publicações e Pesquisa no escritório nacional da associação em Nova York. Em 1903, publicou *As almas da gente negra*, que se tornou uma obra clássica sobre a história afro-americana. Um dos mais respeitados "Líderes da Raça", defendia que a emancipação da comunidade negra seria atingida por meio de um projeto educacional focado nas artes liberais. Após perder a eleição para o Senado como socialista, no período da Guerra Fria, Du Bois tornou-se comunista e mudou-se dos Estados Unidos para Gana. Nos anos em que lá viveu, o intelectual intentou editar uma grande enciclopédia negra sobre os africanos e a diáspora, a Africana Encyclopedia, mas faleceu antes, no referido país africano.

Zora Neale Hurston

Zora Neale Hurston (1891-1960) nasceu no Alabama. Foi acadêmica na Morgan Academy e na Howard University, além de ter estudado antropologia na Columbia University. Destacada estudante, seu talento despertou especial atenção de professores, como o filósofo Alain Locke. O reconhecimento abriu caminhos para a jovem publicar diversos contos em revistas. Foi escritora, antropóloga, e seu nome compõe o conjunto de figuras do Harlem Renaissance. *Seus olhos viam Deus* é considerada a obra mais famosa da talentosa escritora. Mais informações: <https://www.blackpast.org/african-american-history/hurston-zora-neale-1891-1960/>.

Referências bibliográficas

ARTIGOS ACADÊMICOS

Amoaba Gooden, "Visual Representations of Feminine Beauty in the Black Press: 1915-1950" [Representações visuais da beleza feminina na imprensa negra: 1915-1950], *The Journal of Pan African Studies*, vol. 4, n. 4, junho 2011, pp. 81-96.

Emett J. Scott, "Letters of Negro Migrants of 1916-1918" [Cartas de negros migrantes de 1916-1918], *The Journal of Negro History*, v. 4, n. 3, julho de 1919, pp. 290-340.

Francis Marion Dunford, "Conflicting Forces in Negro Progress" [Forças conflitantes no progresso negro], *Journal of Social Forces*, v. 3, 1924-1925, p. 703.

Frederic Miller, "The Black Migration to Philadelphia: a 1924 Profile" [A migração negra para a Filadélfia: Um perfil de 1924], *Pennsylvania Magazine of History and Biography*, julho 1984, pp. 315-350.

George Haynes, "Negro Migration — Its Effect on Family and Community Life in the North", *Opportunity*, n. 2, 1924, pp. 268-272.

Giovana Xavier, "Os perigos dos negros brancos: cultura mulata, classe e beleza eugênica no pós-emancipação (EUA, 1900-1920)", *Revista Brasileira de História*, v. 35, n. 69, pp.155-176, 2015. Disponível em: <www.scielo.br/pdf/rbh/v35n69/1806-9347-rbh-35-69-00155.pdf>.

Katina L. Manko, "'Now You Are in Business for Yourself': The Independent Contractors of the California Perfume Company, 1886-1938" ["Agora você está no negócio por você mesmo: Os contrantes independentes da Companhia de Perfume da Califórnia], *Business and Economic History*, 26, n. 1, 1997, pp. 5-26.

HISTÓRIA SOCIAL DA BELEZA NEGRA

Mark E. Hill, "Skin Color and the Perception of Attractiveness Among African Americans: Does Gender Make a Difference?" [Cor de pele e percepção da atratividade entre os afro-americanos: Gênero faz diferença?], *Social Psychology Quarterly*, n. 65, 2002, pp. 77-91.

Robin Kelley, "Nap Time: Historicizing the Afro" [Hora do crespo: historicizando o afro], *Fashion Theory: The Journal of Dress, Body & Culture*, novembro 1997, v. 1, n. 4, pp. 339-351.

Stephanie J. Shaw, "Black Club Women and the Creation of the National Association of Colored Women" [Clubes de mulheres negras e a criação da Associação Nacional de Mulheres de cor], *Journal of Women's History*, v. 3, inverno 1991, pp. 10-25.

Tiffany Gill, "Civic Beauty: Beauty Culturist and the Politics of African American Female Entrepreneurship, 1900-1965" [Beleza cívica: Culturistas da beleza e a política do empreendedorismo feminino afro-americano], *Enterprise and Society: The International History of Business History*, dezembro 2004, pp. 583-93.

Trina Jones, "Shades of Brown: The Law of Skin Color" [Tons de marrom: A lei da cor da pele]. *Duke Law Journal*, n. 49, 2000, pp.1487-557.

CATÁLOGOS

Madam C. J. Walker Manufacturing Company, *The Key To Beauty, Success, Happiness*. Indianápolis, 1929

Overton Hygienic Manufacturing. Co., *Encyclopedia Of Colored People And Other Useful Information*. Chicago, 1921

Poro College, *Poro Hair & Beauty Culture*. St. Louis, 1922

DADOS OFICIAIS

"Thirtheenth Census of the United States Taken in the Year 1910" [13º Censo dos Estados Unidos, 1910], Departamento de Comércio, Departamento de Censos dos Estados Unidos, Imprensa Oficial do Governo de Washington, População, Relatório geral e análise.

John Cummings; Joseph A Hill. Negro Population: 1790-1915 [População negra nos EUA], Washington, D.C., Departamento de Censos dos Estados Unidos, 1918.

REFERÊNCIAS BIBLIOGRÁFICAS

Walter Willcox, Negroes in the United States [Negros nos Estados Unidos], Departamento do Comércio e do Trabalho, Departamento de Censos dos Estados Unidos, Boletim 8, Tabelas gerais, Imprensa Oficial do Governo de Washington, 1904.

IMPRESSOS AFRO-AMERICANOS

Ebony Magazine

Cartas de Shirley A. Drake e K. E. Williams, Cartas ao editor da *Ebony Magazine*, março de 1968, p. 17.

Independent

Fannie Barrier Williams, "A Northern Negro's Autobiography" [Uma autobiografia de um Negro do Norte], *Independent*, LVII, 14 de julho de 1904.

The Chicago Defender

Dr. Palmer', "Do You Believe in Signs?" [Você acredita nos sinais?], 22 de fevereiro de 1919, p. 22.

Madame Pailins Laboratories, "Skins Made Clearer" [Pele mais claras], 29 de maio de 1920, p. 14.

Plough Chemical Co., "Black and White Beauty Treatment" [Tratamento de beleza negra e branca], 29 de maio de 1920, p. 10.

The Chicago Defender (Big Weekend Edition), 26 de maio de 1917, p. 2.

The Colored American Magazine

"A Good Complexion" [Uma boa compleição], fevereiro de 1902, v. 4, n. 3, p. 305.

"Hartona, a maior de todas as loções para o cabelo", fevereiro de 1901, v. 2, n. 4, p. 321.

"Hartona", fevereiro.1901, v. 11, n. 4, s/p.

"Hartona", setembro de 1901, p. 400.

"Johnson M. F. C. Co. — Become Beautiful" [Tornando-se bela], outubro de 1900, n. 5, p. 264.

HISTÓRIA SOCIAL DA BELEZA NEGRA

Boston Chemical Co., "O-Zono", setembro de 1900, v. 1, n. 4, p. 265.

Crane and Co., "Black Skin Remover" [Removedor de pele negra], outubro de 1902, s/p.

Fannie Barrier Williams, "Perils of the White Negro" [Os perigos do negro branco], v. 12-13, 1907, pp. 421-423, p. 423.

Madame Rumford, "The Prevaling Styles for early summer" [Os estilos tendência para o começo do verão], junho de 1901, v. 3, n. 2, pp. 130-132.

Pauline Hopkins, "Famous Women of the Negro Race, III Harriet Tubman" [Mulheres famosas da raça negra, III Harriet Tubman], janeiro-fevereiro de 1902, v. 4, n. 3, pp. 210-223.

Pauline Hopkins, "Famous Women of the Negro Race" [Mulheres famosas da raça negra], maio de 1902, p. 41-42.

Rilas Gathright, "Whitener Imperial" [Branqueador imperial], *The Colored American Magazine*, novembro de 1901, v. 4, n. 1, p. 79.

W. W. Holland, "Photography for Our Young People" [Fotografias para os nossos jovens], maio de 1902, pp. 5-96.

The Crisis: a record of the darker races

"3.000 Will Burn Negro" [3.000 irão queimar negro], agosto de 1919, v. 18, n. 4, p. 208.

"Agents Make Big Money" [Revendedores fazem muito dinheiro], "Kashmir Preparations for Hair and Skin" [Preparações Kashmir para cabelo e pele], setembro de 1918, v. 16, n. 5, p. 255.

"Bleach Out the Blemishes" [Retire as manchas], dezembro de 1930, s/p.

"Don't Worry About Bad Skin" [Não se preocupe com uma pele ruim], junho de 1917, v. 14, n. 2, p. 100.

"Kashmir for Hair and Skin — Better Than the Best" [Kashmir para cabelos e pele — Melhor que o melhor], agosto de 1919, v. 18, n. 4, s/p.

"Kashmir Institute — The College of Beauty Culture" [Instituo Kashmir — Escola de Beleza], junho de 1920, v. 20, n. 2, s/p.

"Kashmir Institute — The College of Beauty Culture" [Instituto Kashmir — Escola de Beleza], junho de 1920, v. 20, n. 2, s/p.

"Kashmir Preparations — Better than the Best" [Preparações Kashmir — Melhor que o melhor], novembro de 1916, v. 13, n. 1, p. 44.

REFERÊNCIAS BIBLIOGRÁFICAS

"Kashmir Preparations for Hair and Skin" [Preparações Kashmir para cabelo e pele], janeiro de 1917, v. 17, n. 3, s/p.

"Kashmir Preparations for Hair and the Skin" [Preparações Kashmir para cabelo e pele], outubro de 1918, v. 16, n. 6, p. 312.

"Kashmir Preparations" [Preparações Kashmir], abril de 1917, v.3, n. 6, p. 308.

"Learn Beauty Culture — Kashmir Preparations for Hair and Skin" [Aprenda a cultura da beleza — Preparações Kashmir para cabelo e pele], junho de 1919, v. 18, n. 2, s/p.

"Lynched a Woman" [Linchando uma mulher], agosto de 1912, v. 4, n. 4, p. 196.

"Men of the Month" [Homem do mês], "A Master of Arts" [Um mestre das artes], setembro de 1917, v. 14, n. 5, p. 256-258.

"Men of the Month" [Homem do mês], abril de 1917, v.3, n. 6, p. 281.

"Nile Queen for Hair and Skin" [Rainha do Nilo para cabelo e pele], março de 1925, v. 9, n. 5, s/p.

"Nile Queen for Skin and Hair" [Rainha do Nilo para cabelo e pele], julho de 1920, v. 20, n. 3.

"Social Progress" [Progresso social], Fern Caldwell, setembro de 1917, v. 14, n. 5, p. 262.

"The Horizon" [O horizonte], "Education" [Educação], outubro de 1916, v. 12, n. 6, p. 298.

"The Horizon" [O horizonte], abril de 1917, v. 3, n. 6, p. 301.

"The Looking Glass" [O espelho], "Appointing Negroes" [Apontando negros], abril de 1917, v.3, n. 6, p. 292.

"The Massacre of East St. Louis" [O massacre de East Saint Louis], setembro de 1917, v. 14, n. 5, pp. 223-238.

"The Red Cross Nurse" [A enfermeira da Cruz Vermelha], setembro de 1918, v. 16, n. 5, s/p.

Mary E. Jackson, "The Colored Woman in Industry" [As mulheres de cor na indústria], novembro de 1918, v. 17, n. 97, pp. 12-17.

The Crisis: a record of the darker races, dezembro de 1913, p. 94.

The Crisis: a record of the darker races, junho de 1915, v. 10, n. 2, p. 97.

W. E. B. Du Bois, "The Migration of Negroes" [A migração dos negros], junho de 1917, pp. 63-66.

HISTÓRIA SOCIAL DA BELEZA NEGRA

The Crusader

"Daughters of the Eve and Dawn" [Filhas de Eva e da alvorada], *The Crusader*, outubro de 1921, v. 5, n. 2, p. 7.

The Half-Century Magazine: A Colored Magazine for the Home and the Home Maker

"A Sales Men's Convention" [Convenção dos agentes de venda], setembro de 1916, v. 1, n. 1, p. 10.

"A Trio of Attractive Models" [Um trio de modelos atraentes], maio-junho de 1921, v. 10, n. 3, p. 7.

"Betrayers of the Race" [Traidores da raça], fevereiro de 1920, v. 8, n. 2, p. 3.

"*High-Brown Soap*", maio-junho de 1921, v. 10, n. 3, p. 11.

"Ro-Zol", maio-junho de 1921, v. 10, n. 3, s/p.

"Who's the Prettiest Colored Girl in the United States" [Quem é a garota de cor mais bonita dos EUA?], maio-junho de 1921, v. 10, n. 3, p. 15.

Amos Turner, "Put On Your Thinking Cap" [Coloque o seu chapéu da reflexão], novembro de 1919, p. 22.

Carta de H. L. B., "Bleaching Again" [Clareadores de novo], maio-junho de 1921, v. 10, p. 17.

Carta de Mary Vaughan, "An Unscrupulous Concern" [Um problema de falta de princípios], abril de 1920, v. 8, n. 4, pp. 17-8, p. 17.

Liane de Witt, "Safer To Patronize Your Own" [Mais seguro apoiar os seus], fevereiro de 1920, v. 8, n. 2, p. 17.

Madame F. Madison, "What They Are Wearing?" [O que elas estão vestindo?], setembro de 1916, v. 1, n. 6, p. 7.

The Half-Century Magazine, fevereiro de 1922, v. 12, n. 2, p. 11

The Messenger: World's Greatest Negro Monthly

"A Bouquet of New York Beauties" [Um buquê de belezas nova-iorquinas], v. 6, n. 1, janeiro de 1924, pp. 22-3.

"Aristocratas da penteadeira", fevereiro de 1925, p. 116.

"Aristocratas da penteadeira", março de 1925, v. 7, n. 3, p. 148.

REFERÊNCIAS BIBLIOGRÁFICAS

"Exalting Our Womanhood" [Exaltando nossa feminilidade], abril de 1924, v. 6, n. 4, pp. 114-5.

"From Boudoir To Beach" [Do quarto para a praia], outubro de 1924, v. 6, n. 10, p. 308-309.

"Glorifying our Womanhood" [Glorificando nossa feminilidade], junho de 1925, v. 7, n. 6, p. 244.

"Glorifying our Womanhood" [Glorificando nossa feminilidade], maio 1925, p. 212.

"Men Prefer Beauty" [Homens preferem beleza], maio de 1925, p. 212.

"Men Prefer Beauty" [Homens preferem beleza], janeiro de 1928, v. 10, n. 1, p. 2.

"Popular Young Women of Missouri" [Mulheres jovens populares do Missouri], novembro de 1923, v. 5, n. 11, p. 264.

"Preparações para o cabelo da Madam C. J. Walker", julho de 1919, v. 2, n 7, s/p.

"Some Ladies of Chicago, Ill.", agosto de 1924, v. 6, n. 8, p. 248.

"Walker System" [Sistema Walker], janeiro de 1918, p. 36.

"Women's Political Association" [Associação política de mulheres], julho de 1918, v.2, n. 7, p. 26.

Chandler Owen, "Good Looks Supremacy" [A supremacia da boa aparência], março de 1924, v. 6, n. 3, p. 81.

The Messenger, agosto de 1920, s/p.

The Messenger, agosto de 1920, v. 2, n. 7, s/p.

The Messenger, fevereiro de 1928, v. 10, n. 2, p. 34.

The Messenger, janeiro de 1918, v. 2, n. 1, pp. 28-29.

The Messenger, janeiro de 1928, v. 10, n. 1, p. 10.

The Messenger, julho de 1918, v. 2, n. 7, capa.

The Messenger, junho de 1924, v. 6, n. 6, s/p.

The Messenger, maio de 1927, v. 9, n. 5, p. 7

The Messenger, maio de 1924, v. 6, n. 5, pp. 152-153.

The Messenger, novembro de 1917, v. 1, n. 11, capa.

The Messenger, setembro de 1924, v. 6, n. 9, p. 292.

HISTÓRIA SOCIAL DA BELEZA NEGRA

The New York Amsterdam News

"Cuidado constante — não sorte", 20 de dezembro de 1922, p. 3.

Dr. Fred Palmer's Laboratories, "Beauty Aids for Dark Complexions" [Conselhos de beleza para compleições escuras], 13 de dezembro de 1922, p. 9.

The Pittsburgh Courier

"O Original Poro Hair Grower", 25 de março de 1911, p. 3.

The Voice of the Negro: An Illustrated Monthly Magazine — Our Woman's Number

"Ours Women Contributors" [Contribuições das nossas mulheres], *The Voice of the Negro: Our Woman's Number*, julho de 1904, v. 1, n. 7.

Fannie Barrier Williams, "The Colored Girl" [A garota de cor], junho de 1905, v. 2, n. 5, p. 400-1.

John H. Adams Jr., "Rough Sketches: A Study of the Features of the New Negro Women" [Esboços: um estudo das qualidades da nova mulher negra], agosto de 1904, v. 1, n. 8, pp. 323-6.

Nannie Helen Burroughs, "Not Color But Character" [Não cor, mas caráter], v. 1, n. 7, pp. 277-9.

Sra. Addie Hunton, "Negro Womanhood Defended" [Feminilidade negra defendida], *The Voice of the Negro: Our Woman's Number*, julho de 1904, v. 1, n. 7, pp. 280-2.

Sra. Booker T. Washington, "Social Improvment of the Plantation Woman" [Melhoramento social da mulher da *plantation*], *The Voice of the Negro: Our Woman's Number*, julho de 1904, v. 1, n. 7, pp. 288-90.

Sra. Josephine B. Bruce, "What Has Education Done for Colored Women?" [O que a educação fez pelas mulheres negras?], *The Voice of the Negro: Our Woman's Number*, julho de 1904, v.1, n. 7, pp. 294-8.

Sra. Josephine Silone-Yates, "The National Association of Colored Women" [A Associação Nacional das Mulheres de Cor], v. 1, julho de 1904, n. 7, pp. 283-7.

Sra. Mary Church Terrell, "The Progress of Colored Women" [O progresso das mulheres de cor], *The Voice of the Negro: Our Woman's Number*, julho de 1904, v.1, n. 7, pp. 291-4.

REFERÊNCIAS BIBLIOGRÁFICAS

Sra. Sylvanie Francoz Williams, "The Social Status of the Negro Woman" [O *status* social da mulher negra], *The Voice of the Negro: Our Woman's Number*, julho de 1904, v. 1, n. 7, pp. 298-300.

The Voice of the Negro: Our Woman's Number, julho de 1904, v. 1, n. 7, capa.

William Moore, "Progressive Business Men of Brooklyn" [O homem de negócios em ascensão do Brooklyn], julho de 1904, v. 1, n. 7, pp. 304-8, pp. 305-7.

Livros

A'Lelia Bundles. *On Her Own Ground: The Life and Times of Madam C. J. Walker* [Em sua própria terra: A vida e a época de Madam C. J. Walker], Nova York, Square Press, 2002.

Ambrose Caliver, *A Background Study of Negro College Students* [Um estudo do contexto dos estudantes universitários negros], Washington, D.C., Imprensa Oficial do Governo, 1933.

Anne Meis Knupfer, *Toward a Tenderer Humanity and a Nobler Womanhood: African-American Women's Clubs in Turn-of-the-Century Chicago* [Em direção a uma humanidade mais sensível e uma feminilidade mais nobre: Clubes de mulheres afro-estadunideses na virada do século em Chicago], Nova York, New York University Press, 1996.

Audrey K. Kerr, *The Paper Bag Principle: Class, Colorism, and Rumor in the Case of Black Washington* [O princípio do papel de pão: classe, colorismo e boatos na Washington negra], D.C., Knoxville, University of Tennessee Press, 2006.

Ayana D. Byrd; Lory L. Tharps, *Hair Story: Untangling the Roots of Black Hair in America* [História do cabelo: Desembaraçando as raízes do cabelo negro dos Estados Unidos], Nova York, St. Martin Press, 2001.

bell hooks. *Outlaw Culture: Resisting Representations* [Cultura fora da lei: Representações de resistência], Nova York, Routledge, 1994.

Carby, Hazel. *White Woman Listen! Black Feminism and the Boundaries of Sisterhood* [Mulheres brancas, ouçam! Feminismo negro e os laços da sororidade], in Carby *Cultures in Babylon: Black Britain and African* [Culturas na Babilônia: Grã-Bretanha negra e Africana]. Nova York: Verso, 1999, pp. 63-92.

HISTÓRIA SOCIAL DA BELEZA NEGRA

Carter Goodwin Woodson, *The Negro Professional Man and the Community* [O homem negro profissionalizado e a comunidade], Washington, D. C., Association for the Study of Negro Life and History, Inc., 1934.

Cary D. Wintz (org.), *African American Political Thought, 1890-1930: Washington, DuBois, Garvey, and Randolph* [Pensamento político afro--americano, 1890-1930: Washington, DuBois, Garvey e Randolph], Nova York, M.E. Sharpe, Inc., 1996.

Colin Grant. *Negro With a Hat: The Rise and Fall of Marcus Garvey* [Negro com um chapéu: A ascensão e queda de Marcus Garvey], Nova York: Oxford, 2008.

Collins, Patricia Hill. *The Black Feminist Thought: knowledge, consciousness, and the politics of empowerment.* Nova York e Londres: Routledge, 2009. [Ed. bras.: *Pensamento feminista negro: conhecimento, consciência e a política do empoderamento.* São Paulo: Boitempo, 2019.]

Dan S. Green (org.), *W. E. B. Du Bois On Sociology and the Black Community* [W. E. B. Du Bois sobre a sociologia e a comunidade negra], Illinois, The University of Chicago Press, 1978 (1911).

Darlene Clark Hine, "'We Specialize in the Wholy Impossible': The Philantropic Work of Black Women" [Nós nos especializamos no totalmente impossível: O trabalho filantrópico das mulheres negras], in Kathleen D. McCarthy, *Lady Bountfil Revisited: Women, Philanthropy, and Power* [Revisanto Lady Bountfil: mulheres, filantropia e poder], New Brunswick, Rutgers University Press, 1990.

Darlene Stille, *Madam C. J. Walker: Entrepreneur and Millionaire* [Madame C. J. Walker: Empreendedora e milionária], Minneapolis, Compass Point Books, 2007.

David Levering Lewis, *When Harlem was in Vogue* [Quando o Harlem estava na moda], Nova York, Penguin Books, 1997 [1ª ed. 1979].

Debora Gray White, "Introduction — A Telling History" [Introdução: Contando uma história], in White (org.), *Telling Histories: Black Women Histories in the Ivory Tower* [Contando histórias: Histórias de mulheres negras em torres de marfim], The University of North Carolina Press, 2008, pp. 1-25.

Dorothy Gilliam, "Foreword" [Prefácio], in Armistead S. Pride; Clint Wilson II, *A History of the Black Press* [Uma história da imprensa negra], Howard University Press, Washington D.C., 1997, pp. ix-xi.

REFERÊNCIAS BIBLIOGRÁFICAS

Dorothy Salem, *To Better Our World: Black Women in Organized Reform, 1890-1920* [Para melhorar o nosso mundo: Mulheres negras em reformas organizadas], Brooklyn, Carlson, 1990.

Edward Byron Reuter, *The Mulatto in the United States* [O mulato nos Estados Unidos], Boston, R. G. Badger, 1918.

Elizabeth Fox-Genovese, *Within the plantation household: Black and White women of the Old South* [Dentro da Casa Grande: Mulheres negras e brancas no Sul antigo], Chapel Hill e Londres, University of North Carolina Press, 1988.

Emmett Scott, *Negro Migration during the War* [A migração negra durante a guerra], Oxford, Oxford University Press, 1920.

Evelyn Brooks Higginbotham, *Righteous Discontent: The Women's Movement in the Black Baptist Church, 1880-1920* [O justo descontentamento: O movimento de mulheres dentro das igrejas batistas negras, 1880-1920]. Cambridge: Harvard University Press, 1993.

Evelyn Nakano Glenn, "Yearning for Lightness: Transnational Circuits in the Marketing and Consumption of Skin Lightners" [Desejando a leveza: Os circuitos transnacionais no comércio e consumo de clareadores de pele], in Joan Z. Spade; Catherine G. Valentine (orgs.), *The Kaleidoscope of Gender: Prisms, Patterns and Possibilities* [O caleidoscópio do gênero: Prisma, padrões e possibilidades], Oaks, Pine Forge Press, 2011, pp. 238-51.

Evelyn Nakano Glenn. *Shades of Difference: Why Skin Color Matters* [Os tons da diferença: Por que a cor de pele importa]. Califórnia: Standford University Press, 2009.

Franklin Frazier, *Black Bourgeoisie* [Burguesia negra], Nova York, Londres, Toronto, Sidney, Free Press Paperbacks, 1997, p. 39 [1ª ed. 1957].

Godey's Ladies Book, Philadelphia, janeiro de 1850.

Hazel Carby, *Cultures in Babylon: Black Britain and African* [Culturas na Babilônia: Grã-Bretanha negra e africana], Londres, Verso, 1999.

Hazel Carby, *Reconstructing Womanhood: The Emergence of African-American Women Novelist* [Reconstruindo a feminilidade: A emergência das mulheres romancistas afro-americanas]. Nova York: Oxford University Press, 1987.

Horace Cayton, *Black Metropolis: A Study of Negro Life in a Northern City* [Metrópolis negras: Um estudo da vida do negro em uma cidade do norte], Chicago, University of Chicago Press, 1993.

HISTÓRIA SOCIAL DA BELEZA NEGRA

Ira Berlin, *Slaves without Masters: The Free Negro in the Antebellum South* [Escravos sem senhores: O negro liberto no Sul pré-guerra], Oxford, Oxford University Press, 1974.

Jessie Redmon Fauset. *Plum bun: a novel without a moral* [Pão de ameixa: uma novela sem moral], Nova York, Beacon Press, 1999 [1ª ed. 1929].

Joel Williamson, *New People: Miscegenation and Mulattoes in the United States* [Recém-chegados: miscigenação e mulatos nos Estados Unidos], Nova York, Free Press, v. 2, 1980.

John Nickel, "Eugenics and the fictions of Pauline Hopkins" [Eugenia e ficção em Pauline Hopkins], in Louis A. Cuddy; Clarie M. Roche (orgs.), *Evolution and Eugenics in American Literature and Culture, 1880-1940: Essays on Ideological Conflict and Complicity* [Evolução e Eugenia na literatura e cultura estadunidense, 1880-1940], Lewisburg: Bucknell University Press, 2003, pp. 133-47.

Joseph R. Urgo, "Willa Cather's Political Apprenticeship at *McClure's Magazine*" [A aprendizagem política de Willa Cather na *McClure's Magazine*], in Merrill Maguire Skaggs (org.), *Willa Cather's New York, New Essays on Cather in the City* [Willa Cather em Nova York, novos ensaios sobre Cather na cidade], Madison, Fairleigh Dickinson University Press, 2000, pp. 61-74.

Judy Scales-Trent, "A White Black Woman" [Uma mulher negra branca], in Richard Delgado; Jean Stefancic, *Critical White Studies: Looking Behind the Mirror* [Estudos críticos brancos: Olhando por trás do espelho], Filadélfia, Temple University Press, 1995, pp. 475-81.

Judy Scales-Trent, *Notes of a White Black Woman: Race, Color, Community* [Notas de uma mulher negra branca: Raça, cor, comunidade], Pensilvânia, The Pennsylvania State University, 1995.

K. Sue Jewell, *From Mammy to Miss America and Beyond: Cultural Images and the Shaping of US Social Policy* [De Mammy a Miss América e além: A cultura das imagens a formação das políticas sociais dos EUA], Routledge, Nova York; Londres, 1993.

Karen Halttunen, *Confidence Men and Painted Women: A Study of Middle--Class Culture in America, 1830-1870* [Homens confiantes e mulheres ilustradas: Um estudo da cultura da classe média nos Estados Unidos, 1830-1870], New Haven, Connecticut, Yale University Press, 1982.

Katherine Tillman, "Afro-American Women and Their Work" [Mulheres afro-americanas e o seu trabalho], in Gates Jr.; Jarrett, *The New Negro:*

REFERÊNCIAS BIBLIOGRÁFICAS

Reading on Race Representation, and African American Culture, 1892-1938 [O novo negro: lendo sobre raça, representação e cultura afro-americana, 1892-1938], Princeton, Princeton University Press, 2007, pp. 277-86. [1ª ed. 1895].

Kathy Peiss, *Hope in a Jar: The Making of America's Beauty Culture* [Esperança no frasco: Criando a cultura de beleza estadunidense]. Nova York: Henry Holt, 1999.

Kathy Russell; Midge Wilson; Ronald Hall, *The Color Complex: The Politics of Skin Color Among African Americans* [O complexo de cor: Políticas de cor de pele entre afro-americanos], Nova York, Anchor Books, 1993.

Langston Hughes, *The Ways of White Folks* [As maneiras das pessoas brancas], Nova York, Vintage Books, 1990 (1933).

Lois Banner, *American Beauty: A Social History...Through Two Centuries of the American Idea, Ideal, and Image of the Beautiful Woman* [Beleza americana: Uma história social... por dois séculos da ideia, ideal e imagem de beleza feminina nos Estados Unidos], Chicago, University of Chicago Press, 1984.

Martha Abreu, *Da senzala ao palco: canções escravas e racismo nas Américas, 1870-1930*. Campinas: Editora da Unicamp, 2017.

Martha H. Patterson, *The American New Women Revisited: a reader, 1894--1930* [A nova mulher estadunidense revisitada: Um leitor, 1894-1930], Rutgers, The State University, 2008.

Maxine Leeds Craig, *Ain't a Beauty Queen? Black Women, Beauty, and The Politics of Race* [E eu não sou uma rainha da beleza? Mulheres negras, beleza e a política de raça], Nova York, Oxford University Press, 2002.

Melissa Nobles, *Shades of Citizenship: Race and the Census in Modern Politics* [Tons de cidadania: Raça e o censo na política moderna]. Stanford: Stanford University Press, 2000.

Nancy MacLean, *Behind the Mask of Chivalry: The Making of the Second Ku Klux Klan* [Por trás das máscaras da cavalaria: A construção da segunda Ku Klux Klan], Nova York, Oxford, Oxford University Press, 1994.

Nella Larsen, *Passing: Authoritative Text, Backgrounds and Contexts, Criticism*, N. Chelmsford: Courier Dover Publications, 2004 [1ª ed. 1929]. [Ed. bras.: *Passando-se*. Rio de Janeiro: Imã Editorial, 2020.]

HISTÓRIA SOCIAL DA BELEZA NEGRA

Otha Richard Sullivan, *African American Millionaires: Black Stars* [Afro-
-americanos milionários: Estrelas negras], Nova Jersey: John Wiley &
Sons, Inc, 2005.

Paul R. Spickard, *Mixed Blood: Intermarriage and Ethnic Identity in Twentieth-Century America* [Mestiços: Casamentos mistos e identidade étnica
nos Estados Unidos no século XX], Madison: University of Wisconsin
Press, 1989.

Pauline Hopkins, *Contending Forces: A Romance Illustrative of Negro Life
North and South* [Forças rivais: Um romance ilustrativo da vida do negro
no Norte e no Sul], Nova York, Oxford University Press, 1988 [1ª ed. 1900].

Ronald Hall, *An Historical Analysis of Skin Color Discrimination in America:
Victimism among Victim Group Populations* [Uma análise histórica da
descriminação por cor de pele nos Estados Unidos: Vitimismo entre os
grupos populacionais vitimizados], Primavera, Nova York, 2010.

Rosalyn Terborg-Penn, *African-American Women in the Struggle for the Vote,
1850-1920* [Mulheres afro-americanas na luta pelo voto, 1850-1920],
Bloomington, Indiana University Press, 1998.

Shirley Anne Tate, *Black Beauty: Aesthetics, Stylizations, Politics* [Beleza
negra: Estética, estilização e política], Burlington, VT, Ashgate, 2009.

St. Clair Drake; Horace Cayton. *Black Metropolis: A Study of Negro Life in a
Northern City* [Metrópole negra: um estudo da vida do negro em uma
cidade do norte]. Chicago, University of Chicago Press, 1993.

Victoria W. Wolcott. *Remaking Respectability: African American Women in
Interwar Detroit* [Refazendo a respeitabilidade: mulheres afro-americanas
na Detroit entreguerra]. Chapel Hill: The University of North Carolina
Press, 2001.

W. E. B. Du Bois, "The Negro in the United States", in Du Bois, *The Conser-
vation of Races and The Negro*, Pensilvânia, Pennsylvania State University, 2007 (1911), pp. 135-66.

W. Fithugh Brundage (org.), *Beyond Blackface: African Americans and the
Creation of Popular Culture, 1890-1930* [Além da *blackface*: Afro-americanos e a criação da cultura popular, 1890-1930], Chapel Hill: The University of North Carolina Press, 2011.

William E. B Du Bois, *As almas da gente negra*. Rio de Janeiro: Lacerda, 1999
[1ª ed. 1903].

REFERÊNCIAS BIBLIOGRÁFICAS

Wilma L. Gibs; Jill Lands, "Biographical Sketch" [Esboço biográfico], in *Collection Madam C. J. Walker (1867-1919)* [Coleção de Madame C. J. Walker (1867-1919)], Departamento da coleção de manuscritos, Biblioteca do Memorial William Henry Smith, Sociedade de História de Indiana, agosto de 1993.

Winston James; Clive Harris, *Inside Babylon: The Caribbean Diaspora in Britain* [Dentro da babilônia: a diáspora caribenha na Grã-Bretanha], Londres, Nova York, Verso, 1993.

PROPAGANDAS

Palmolive

"Melhor do que jóias — aquela tez de colegial", propaganda da Palmolive, 1922.

Palmolive — The Soap with a History [Palmolive, o sabão com história], 1917.

Marie Barlow

Marie Barlow — Beauty Begins With the Skin [Marie Barlow, a beleza começa com a pele], 1929.

Pond's

Pond's — A Message of New Beauty [Pond's — Uma mensagem da nova beleza], 1906.

Pond's — To Be Beautiful — A New Beauty Culture [Pond's — Para ser bela: uma nova cultura da beleza], 1907.

Pond's Vanishing Cream — A Famous Skin Specialist Says [Creme de rápida absorção da Pond — um famoso dermatologista diz...], 1916.

Azurea

Azurea — The Face Powder de Luxe [Azurea, o pó compacto facial de luxo], 1916.

SITES

"Hidden Washington: A Journey Through the Alley Communities of the Nation's Capital" [Washington escondida: uma jornada através das ruas

HISTÓRIA SOCIAL DA BELEZA NEGRA

na capital nacional]. Disponível em: <www.loc.gov/loc/kidslc/live-hiddenwashington.html>. Acesso: 03/11/2011.

"Opportunities for New Business" [Oportunidades para novos negócios], *The Great Migration — Migration Resources*, Schomburg Center for Research in Black Culture. Disponível em: <www.inmotionaame.org/gallery/detail.cfm?migration=8&topic=99&id=465288&type=image&page=10>. Acesso: 28/11/2011.

"Professional Elite" [Elite professional], *The Great Migration — Migration Resources*, Schomburg Center for Research in Black Culture. Disponível em: <www.inmotionaame.org/gallery/detail.cfm?migration=8&topic=99&id=465415&type=image&metadata=show&page=10>. Acesso: 28/11/2011.

"Vogue Designs for Practical Dressmaking" [Modelos práticos para uma costureira], 192?, Estudos estadunidenses, University of Virginia. Disponível em: <www.xroads.virginia.edu/~ma04/hess/fashion/vogue.html>. Acesso: 19/10/2011.

A'Leila Bundles, "Madam C. J. Walker: a brief biographical essay" [Madame C. J. Walker: um breve ensaio biográfico]. Disponível em: <www.madamcjwalker.com/>.

Alicia Rivera, "Katherine Davis Chapman Tillman (1870-?)", Black Past, 21 de janeiro de 2007. Disponível em: <www.blackpast.org/african-american--history/tillman-katherine-davis-chapman-1870/>. Acesso em: 23/09/20.

Allison Espiritu, "Margaret Murray Washington (1865-1925)", *An Online Reference Guide to African American History*, Black Past, 15 de fevereiro de 2007. Disponível em: <www.blackpast.org/?q=aah/washington-margaret-murray-1865-1925>. Acesso: 10/08/2011.

Bruce Glasrud, "Josephine Beall Willson Bruce (1853-1923)", *An Online Reference Guide to African American History*, Black Past, 17 de setembro de 2007. Disponível em: <www.blackpast.org/?q=aah/bruce-josephine--beall-willson-1853-1923>. Acesso: 10/08/2011.

Cold Spring Harbor Laboratory, "Image Archive on the American Eugenics Movement" [Arquivo de imagens do movimento eugenista estadunidense] Disponível em: <www.eugenicsarchive.org/>. Acesso: 19/09/2011.

Demétrio Weber. "Para UnB um gêmeo é negro e o outro não". *O Globo*, 30 de maio de 2007. Disponível em: <www.oglobo.globo.com/sociedade/educacao/para-unb-um-gemeo-negro-o-outro-nao-4186620>. Acesso: 27 jun. 2020.

REFERÊNCIAS BIBLIOGRÁFICAS

Errin Jackson, "Josephine Silone Yates (1852-1912)", *An Online Reference Guide to African American History*, Black Past., 19 de abril de 2007. Disponível em: <www.blackpast.org/?q=aah/yates-josephine-silone-1852-1912>. Acesso: 09/08/2011.

Errin Jackson, "Nannie Helen Burroughs (1883-1961)", *An Online Reference Guide to African American History*, Black Past, 27 de março de 2007. Disponível em: <www.blackpast.org/?q=aah/burroughs-nannie-helen-1883-1961>. Acesso: 09/08/2011.

Giovana Xavier, "Esculpindo a 'Nova Mulher Negra': feminilidade e respeitabilidade nos escritos de algumas representantes da Raça nos EUA (1895-1904)". Cad. Pagu, 2013, n. 40, pp. 255-87. Disponível em: <www.doi.org/10.1590/S0104-83332013000100008>. Acesso: 29/06/2020.

Kurt Terry, "Jesse Washington Lynching" [Linchamento de Jesse Washington], *Waco History*. Disponível em: <www.wacohistory.org/items/show/55>. Acesso em: 22/09/20.

Madam C. J. Walker Official Website. Disponível em: <www.madamcjwalker.com/>. Acesso: 09/12/2011.

Maria Quintana, "Addie Waites Hunton (1866-1943)", *An Online Reference Guide to African American History*, Black Past, 07 de janeiro de 2010. Disponível em: <www.blackpast.org/?q=aah/hunton-addie-waites-1866-1943>. Acesso: 09/08/2011.

NAACP, "Nation's premier civil rights organization" [A primeira organização nacional pelos direitos civis]. Disponível em: <www.naacp.org/nations--premier-civil-rights-organization/>.

The Historic New Orleans Collection, "Sylvanie Francoz Williams (1855--1921)", Museum Research Center. Disponível em: <www.hnoc.org/virtual/voices-progress/sylvanie-francoz-williams>. Acesso em: 23/09/20.

Tyina Steptoe, "Mary Church Terrell (1863-1954)", *An Online Reference Guide to African American History*, Black Past, 19 de janeiro de 2007. Disponível em: <www.blackpast.org/?q=aah/terrell-mary-church-1863-1954>. Acesso: 10/08/2011.

Victor Okocha, "Vertner Woodson Tandy (1885-1949)", *An Online Reference Guide to African American History*, Black Past, 15 de março de 2007. Disponível em: <www.blackpast.org/?q=aah/tandy-vertner-woodson-1885-1949>. Acesso: 15/12/2011.

A primeira edição deste livro foi publicada em julho de 2021, ano em que se celebram 31 anos da fundação da Rosa dos Tempos, a primeira editora feminista brasileira.

O texto foi composto em Minion Pro, corpo 12/16. A impressão se deu sobre papel off-white pelo Sistema Cameron da Divisão Gráfica da Distribuidora Record.